Aoyama Accounting Review

青山アカウンティング・レビュー

乱気流経済下の業績評価：
会計は羅針盤になれるのか？

第3号
Vol.3
2013

Contents

『青山アカウンティング・レビュー』第3号
Aoyama Accounting Review : AAR vol.3

第3号テーマ
乱気流経済下の業績評価：会計は羅針盤になれるのか？

4 ■巻頭言 「流動化するビジネス環境における会計の役割」
青山学院大学大学院会計プロフェッション研究センター センター長
小倉　昇

特集Ⅰ　対談
乱気流経済下の業績評価
―会計は羅針盤になれるのか？―

7　株式会社ニチレイ 代表取締役社長・CSR本部長
大谷　邦夫
VS.
青山学院大学大学院会計プロフェッション研究科 教授
唐沢　昌敬

特集Ⅱ
乱気流経済下の業績評価

22　環境変化の中の戦略経営と人材経営（管理会計の貢献）
青山学院大学大学院会計プロフェッション研究科 研究科長・教授
小倉　昇

32　人本主義企業をめざす管理会計
関西大学商学部 教授・経済政治研究所 所長
水野　一郎

40　アメーバ経営と経営改革～部門別採算制度の導入～
KCCSマネジメントコンサルティング株式会社 代表取締役会長
森田　直行

48　乱気流経済下の業績評価システムの役割
出光興産株式会社 執行役員経営企画部長
丹生谷　晋

57　企業価値創造経営の再評価　経営指標の観点から
株式会社リクルートマネジメントソリューションズ 経営企画部長
本合　暁詩

65　地方自治体の経営改革と公会計情報の活用
―町田市の公会計制度改革の事例から―
青山学院大学大学院会計プロフェッション研究科 特任教授
鵜川　正樹

特集III
コストマネジメントの過去・現在・未来

価値創造のコストマネジメントに向けて　76
大阪府立大学大学院経済学研究科 教授
山本 浩二

原価管理からみた「原価計算基準」の呪縛　79
名古屋大学大学院経済学研究科 教授
小沢 浩

特集IV
パブリックセクターのマネジメントと会計改革
第11回　青山学院　会計サミット　第二部　パネル討論会

【コーディネーター】
青山学院大学大学院
会計プロフェッション研究科長・教授
小倉 昇

ブレイングループ 代表
樫谷 隆夫

早稲田大学大学院政治学研究科 教授
小林 麻理

青山学院大学大学院
会計プロフェッション研究科 特任教授
鵜川 正樹

【パネリスト】
太陽ASG有限責任監査法人 統括代表社員
梶川 融

東京都会計管理局 会計制度担当部長
副島 建

（所属肩書は会計サミット当日）

84

Book Review

企業価値向上の戦略　108
青山学院大学大学院会計プロフェッション研究科 准教授
久持 英司

管理会計の理論と実務　111
青山学院大学大学院会計プロフェッション研究科 特任教授
内山 峰男

Relay Essay

「大人（おとな）として」の会計プロフェッションであれ！　114
青山学院大学大学院会計プロフェッション研究科 教授
八田 進二

良き師、良き友　116
青山学院大学大学院会計プロフェッション研究科 教授
橋本 尚

巻頭言「流動化するビジネス環境における会計の役割」

青山学院大学大学院会計プロフェッション研究センター センター長

小倉　昇

　2007年にアメリカで発生したサブプライムローン問題とそれに続くリーマンブラザーズの破綻によって引き起こされた世界同時不況以来、日本企業は次々と起こる重大事件に翻弄され続けてきた。2011年3月11日に発生した東日本大震災は、東北・関東地方に人的・物的な被害を与えたのはもちろんのこと日本経済全体にも大きな影響を与えた。毎年、総理大臣が交替する日本の政治も経済界にとっては大きな不安定要因になっているだろう。

　国外に目を向けても、ヨーロッパ経済危機、中国の反日不買運動、アラブの春（アラブ諸国の政権交代）、新興経済国の経済成長の鈍化などの問題が次々と発生し、海外依存度を強めた日本企業はこれらの問題とも無関係ではいられない。このような変化の激しい環境の中でビジネスを行ってゆくことは、まさに、乱気流の中で飛行機の操縦を行うのに匹敵するといえるだろう。

　ビジネスと飛行機が大きく異なるのは、ビジネスは環境条件が悪いからという理由で運休することはできない点である。飛行機はその設計の段階でどの程度の環境までなら飛行の継続が可能か確認されている。しかし、ビジネスの設計にあたっては、組織や管理システムの試作や実験を行うわけではない。どこまでの環境変化を想定して組織や管理システムを頑健に設計するかは、企業経営者の判断に任されている。組織設計の前提を超える環境の変化が想定されるときには、事業からの撤退や環境条件のよい市場への転換などのリスク回避策をとることが可能な場合もある。しかし、日々報道される経営危機、過剰投資、大きな損失を抱えての倒産などという事例を観察していると、経済の乱気流に巻き込まれる前にそれを回避することは簡単でないことを実感する。

　このような乱気流経済の中、すでに破綻してしまった企業があり、また、破綻しそうになりながらなんとか踏みとどまり懸命に再建に取り組む企業もある。その一方で、きびしい経済環境をものともせず着々と業績を伸ばし続ける企業もあるのが実状である。これらの企業を目の当たりに観察できることは、管理会計の研究者にとって千載一遇の機会とも言える。飛行機や自動車の設計のように、試作品を作って実験を繰り返すことが許されない経営管理システムの研究者にとって、過酷な環境変化の中で企業を持続的な成長に導くことができる管理システムの条件を観察する機会になるからである。

　特集Iでは、株式会社ニチレイの大谷邦夫社長と青山学院大学の唐沢昌敬教授（会計プロフェッション研究科）との対談を通して、乱気流経済のただ中で、実際の企業経営者がどのような判断基準をもちながら組織のリーダーシップをとっておられるのか、お話しをうかがった。

　組織や管理システムは、もともと成長して行くものである。事業規模や事業内容の変化に対応して組織を再設計し、管理システムを更新することが可能であるから、組織の設立当初からあらゆる

状況を想定して組織設計を行う必要はない。環境の変化に合わせて組織を成長させればいいことである。ただし、組織の再設計や成長には時間がかかるので、複数期間にわたる組織成果の評価と観察が必要である。1990年代には、企業価値経営（value-based management）が主張され、単一期間の損益を評価基準とする会計手法に替わって、複数期間にわたる組織成果を評価する種々の方法が提案された。また、将来の企業像（ビジョン）に向かって行われる組織改革を観察・管理するための手法としてバランス・スコアカードが提案された。

これらの戦略経営の手法は、1990年代に欧米企業に広く浸透し、日本企業でも高く評価され、多くの企業が導入を試みた。しかし、企業価値経営によって成功を収めた日本企業の事例は必ずしも多くない。特集Ⅱでは、実務家の立場から、出光興産（株）経営企画部長の丹生谷晋氏に、また、理論家の立場から本合暁司氏（リクルートマネジメントソリューションズ経営企画部長）に、また、営利企業の視点を離れてパブリックセクターにおける戦略と業績評価の事例を鵜川正樹教授（青山学院大学）に執筆していただいた。

他方、最近の日本企業では、従業員の能力育成を重視する考え方が支持を集めている。ひとつの例はトヨタ自動車である。トヨタでは、「トヨタウェイ2001」を策定し、経営理念を共有できる人材育成に重点を置いた経営を進めている。また、1960年代から京セラが培ってきた「アメーバ経営」が最近になって再評価されている。アメーバ経営が従業員の経営能力の育成を行うことによって、「全社員の経営参加」の実現を目標としている。

本特集では、アメーバ経営の実践経験もあり、また多くの企業に導入指導を続けておられる森田直行氏に、アメーバ経営の基本概念と管理システムの根幹である部門別採算制度の解説をお願いした。また、アメーバ経営の研究者である水野一郎氏には、人を大切にする京セラの経営理念を、外部者の目で評価していただいた。

トヨタと京セラは、それぞれの創業地である東海地方、近畿地方で強い影響力を持ち、「トヨタウェイ」あるいは「アメーバ経営」を他社にも指導するという活動を積極的に行っている。したがって、トヨタと京セラにとどまらない多くの実践例が、人材育成に重点を置く経営の重要性を実証しているといえる。アメーバ経営の中で、小規模部門について計算される独自の部門別採算制度が中心的な役割を果たしていることは有名である。また、トヨタグループではJコストと呼ばれる独自のコスト概念を用いて製造現場における改善活動を評価していることが、管理会計研究者から注目されている（田中正知、2009）。

人事管理と管理会計は、従業員の業績評価という共通の課題を抱え、課題が重なるからこそ、互いに異なる考え方を主張してきた。これらの会社において、従業員の人材育成について会計情報が果たしてきた役割は決して小さくはない。本誌の特集を通して、読者の皆さまに21世紀の管理会計の方向性を読み取っていただくことを願っている。

小倉 昇（おぐらのぼる）

滋賀県生まれ。
1981年　神戸大学大学院経営学研究科博士課程修了。
大分大学経済学部、東北大学経済学部、筑波大学大学院ビジネス科学研究科教授を経て、2011年4月より現職。
公認会計士試験委員（2003年〜2007年）。
日本管理会計学会副会長（2008年〜2010年）。
青山学院大学大学院会計プロフェッション研究科長（2013年〜）

特集 I

対談

■乱気流経済下の業績評価
—会計は羅針盤になれるのか？—

大谷 邦夫　対　唐沢 昌敬
Kunio OTANI　vs.　Masataka KARASAWA

特集Ⅰは、「乱気流経済下の業績評価：会計は羅針盤になれるのか？」と題して、株式会社ニチレイ代表取締役社長である大谷邦夫氏と本研究科教授で経営学を専門としている唐沢昌敬氏との対談を企画した。ニチレイ社は、わが国において、最も早くEVAによる業績評価を導入した企業の１つであり、最近では、激動の経済環境下で、持株会社による食品会社へと業態を大きく変えてきている。現役の経営トップである大谷氏の目から見た、企業経営における業績評価の実際の姿を率直に語っていただいた。

特集 I

対談：乱気流経済下の業績評価
―会計は羅針盤になれるのか？―

株式会社ニチレイ 代表取締役社長・CSR本部長　**大谷 邦夫**
vs.
青山学院大学大学院会計プロフェッション研究科 教授　**唐沢 昌敬**

はじめに

● 青山アカウンティング・レビューも第3号を迎えます。第1号は会計、特に「IFRS」を取り上げました。第2号は監査、特に「不正への対応」を取り上げました。今回は管理会計の領域について、「業績評価」をメインテーマとしております。

そこで、特集Ⅰの対談のコーナーでは、企業経営の第一線に携わる方をお迎えして、本研究科の唐沢教授との間でお話しいただくこととなりました。

はじめに、大谷さん、株式会社ニチレイのご紹介と、この6月に大谷さんは社長に就任されたわけですけれども、社長に就任されるまで、貴社においてどういう業務をご担当であったかについてお話しいただけますか。

大谷 氏 当社グループの組織体は、2005年の4月に持株会社制に移行しました。純粋持株会社ではないので、ホールディングに不動産事業を含んでいます。それ以外は、いわゆる事業会社（事業ドメイン）として、1つ目が加工食品事業であるニチレイフーズ、2つ目が素材品を扱っている水産・畜産事業であるニチレイフレッシュ、それから3つ目が低温物流事業のニチレイロジグループ本社で、4つ目がニチレイバイオサイエンスです。規模感としては、フーズとフレッシュとロジが取扱高としてはほぼ同じ位です。ただし、利益面では、素材品は利幅が薄いので、低温物流事業と加工食品事業がコアになっています。

唐沢 氏 低温物流は、もともと有名ですね。

大谷 加工食品につきましても、社名がニチレイフーズとなっておりますが、分社化後、ニチレイブランドを持ちつつ、ニチレイフーズというかたちで取引をしています。

全体としては5,000億円弱の売上で営業利益が170億円を超える規模です。今、グループの中期経営計画、「RISING2015」が今年の4月からスタートしていますが、最終的に2015年度で5,100億円の売上で営業利益を200億円強に持っていくような計画を立てています。

唐沢 この10年間を拝見していても、かなり持続的に利益を確保されている感じがします。

大谷 私の経歴について申し上げますと、経理部に配属され、新入社員のときには3年半、九州支社の経理に初任配置となり、今でいう加工食品の事業会計をやっていました。そのあと本社に戻りまして、当時まだ海外部というセクションがあり、貿易取引などの会計担当をやっておりまして、ニューヨークにも何か月か行っていました。

そのあと、税務担当、ＩＲ担当、株式や総会運営なども経験しました。

続いて、シェアードサービス化の進展という時代背景のもとシェアードサービス会社を作ることになり、担当役員としてその会社に出向しました。その後、今度はグループ全体が、持株会社制を敷くということで、またニチレイに戻りまして、当

時は、コーポレートサービス部の経理というセクションにて分社化の手伝いをいたしました。

唐沢 分社化したり統合したり、けっこういろいろ再編成がありましたね。

大谷 はい。2005年の4月に分社化したときに、当時は事業4会社とスタッフ系のサービス会社は持株会社制のもとで並んでいましたので、そのままシェアードサービス会社の役員となり、2008年の4月に、ホールディングの経営企画部長に、執行役員、取締役、そして今年の6月に社長に就任いたしました。

唐沢 国内外でのご経験が多彩ですね。

● 続いて、唐沢先生にお伺いします。先生は、本研究科で経営学を担当されていますが、まず、簡単にご経歴と、今日のテーマとの関係で教育・研究へのご関心についてお話しいただけますか。

唐沢 私の経歴は、もちろん公認会計士・税理士ですけれども、いろいろ経験しておりまして、1つは監査法人の代表社員です。そこでは監査とかコンサルティングをやっていました。同時に、個人事務所で税務などをやっておりました。そういったスタッフ的な側面だけではなく、大学の常務理事として、またCFOですけれども、実際に自分でも経営に携わったこともあります。

現在は、青山学院に来まして教育・研究に専念しています。基本的に私の一貫した人生哲学というか教育方針は、少し過大な感じもしますけれども、リベラルアーツに基づく高度なスキルの修得をテーマにしております。リベラルアーツというのは、教養というよりも、今、アメリカのビジネススクールで教えるようになった哲学・方法論のことです。それをしっかりと学び高度なスキルが正しく使えるようにすることです。

現在の主な研究テーマは、GoogleとかAppleという最先端の企業におけるマネジメントと管理会計を、新しい複雑系の科学の原理を用いて考察することです。

I 現在の経済環境

● 今回の対談の全体テーマはかなり大きなテーマで、「乱気流経済下の業績評価：会計は羅針盤になれるのか？」です。それでは、現在の経済環境について大谷さんがどのように受け止めておられるのか、貴社において、事業戦略が環境変化に対応してどのように変化してこられたのかという点についてお話しいただけますか。

大谷 国内の経済あるいは社会の環境について考えますと、大きく3つあるのではないかと考えます。1つ目は、少子・超高齢社会です。高齢化というよりも、超高齢社会というところが1つあります。2つ目が、最近は少し持ち直していますが、経済成長の停滞があります。それから3つ目は、この2つに合わさったかたちで、財政の悪化です。これは日本経済における大きな問題点であり、財政悪化の解消が課題であると考えます。

一方、世界経済は、今はすぐにあちらこちらに影響してきますので、本当に地球が狭くなっていると思っています。地理的にもそうですし、ネットワーク社会の出現により、どこかの経済主体が変化を起こすと、金融にしろ、政治体制にしろ、必ず連鎖して影響が出てきます。

唐沢 アマゾンでチョウチョがはばたくと、アメリカでハリケーンが起きると(笑)。

大谷 そのように感じます。

次頁の図は、今年の5月に、自分で整理してみるつもりで作ったものです。外部環境については、基本的にこのような認識を持っています。

これを背景として、具体的には、直近5年ぐらいのスパンで考えたとき、食品関連業界の環境はどうなのかというと、食品関連市場規模が当然ながら縮小均衡すると言われています。一方で、人

特集Ⅰ 対談：乱気流経済下の業績評価

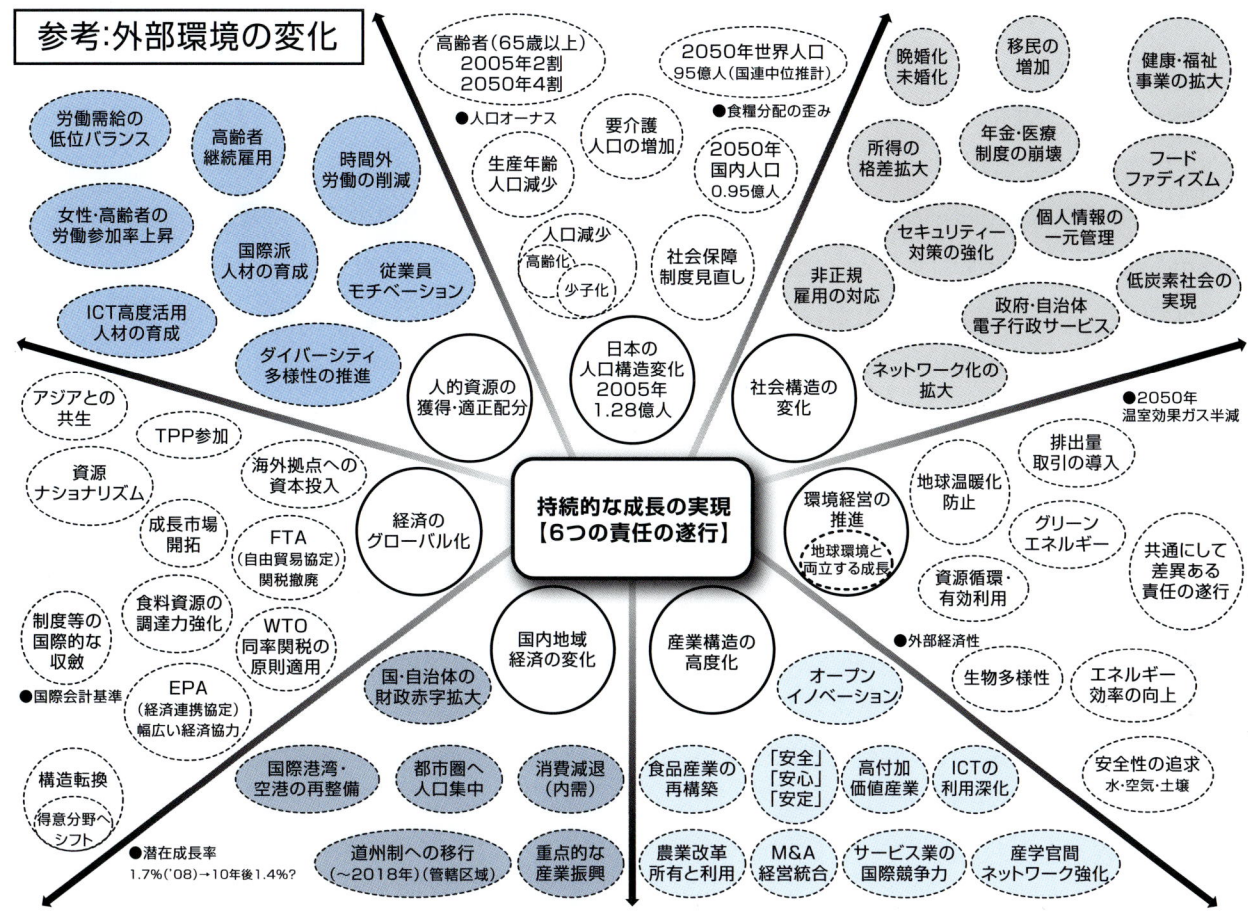

口動態などを見ると、2025年度までは1億2,000万人ぐらいをキープできるので、そのあたりの立ち位置をどうするかという問題があると思います。

それから、原材料コストの変動リスクの高まりということで、まさに今回のように為替が円安になると、それだけで原材料の変化のリスクが高まってしまいます。原油価格なども、エジプトの政治不安などを影響し、価格上昇する場合もあります。これは川上の部分です。

川下の部分ですと、当然ながら、小売とか流通企業のいわゆるバイイングパワーといって、今はスーパーなどが少し元気をなくしており、一方でコンビニ業態のほうは元気があるような状況ですけれども、いずれにしても川下のバイイングパワーが強まっています。

また、安全・安心とか品質保証に関わる部分は、日本ならではの品質を求められるところもあり、リスクも高いです。

それから、業界で過剰供給の部分が相当あるので、業界再編は間違いなくあるだろうという認識をしています。

これらのことをバリューチェーンで言い換えますと、たとえば多品種、短いサイクルでの商品開発とか、調達・生産でいくと製造コストを構成する原価の部分の不安定性があります。品質管理ですと、高度な品質を求める日本の消費者特性がありますので、これらに対してどう対応していくか。

販売だと小売流通業の寡占化とバイイングパワーの巨大化、物流ですと、調理加工食品がこれから増えてくると思いますので、その部分の低温物流の輸配送の拡大が予想されます。一方で、買い物難民などもそのうち出てくると思います。近場にお店がなくて、たとえば単身老人世帯などは買い物をどうするかという問題がおそらく出てく

るので、いわゆる物流インフラの社会面の問題が出てくるのではないかという認識でいます。

● 唐沢先生は、現在の経済環境についてどのようにお考えでしょうか。

唐沢 私は10年前ぐらいから、これからの時代は政治も経済も自然現象もカオス的な状況になるということを本に書いてきましたが、今はまさにカオスの状態の真っただ中に入っているのではないかと思っています。

カオスの特徴は予測困難性と因果関係不可視性です。何が起こるかわからない。突然のパターンの形成や突然の分岐。カオスにはこういった特色がありますが、今はその時代の真っただ中ではないかと思います。

ですから、これからは企業もまたどちらかに分岐していくと思います。今の時代状況はそういう選別のときではないかと感じております。

● 今、大谷さんのお話の中で、特に日本のことを中心におっしゃっていただきましたが、海外展開の問題はどのようにお考えですか。貴社でも、輸出ではなく、海外に拠点を展開していくことについては、これまでどおりの展開とはまた違うものは何かあるのでしょうか。

大谷 中国でいいますと、かつては、ご存じのとおり第2フェーズのようなかたちで生産拠点を設けて、日本にものを持ってくるところがありました。ただ、ここ数年の間に中国のマーケットを意識し、「現地で売れ」とは言っていますが、これは現実的にはなかなか難しいです。

特に食べ物などは趣味・嗜好もありますし、当社のケースですと、たとえば同じチャーハンを作って売ったとしても、味が違うとか、ちょっとしたパッケージの具合によっても、おいしそうに見えないから買わないということもあり、非常に難しいです。

一方、中国では、人が代われば方向性もがらりと変わってしまうので、そういう政治的リスクと、それから内陸と沿岸地区の格差や、あるいは都市と農村の格差など、いろいろな事情を考えると非常にリスクが高いと思っています。

特に物流関係は許認可等の問題もあり、難しいところです。現地の要請に基づいて拡大すると、相当なアセットを組まないといけない、そうすると投資額が膨らむ、ということで、これも極端に抑え気味にしています。ですから、中国自体に対する投資は、会社が潰れない程度にというような意識でやっています。

唐沢 そうしますと、日本にはまだ1億2,000万人の人がいるから、そこはしっかり掘り下げていく。そして、海外についてはリスクを意識しながらリスク最小化の展開をしていく、そのような考え方でしょうか。

大谷 そのような考えです。

Ⅱ 業績評価

● 次に、「業績評価」の問題についてお伺いします。

大谷さん、まず、貴社では、どのように企業全体と部門別の業績評価を行っておられるのかをお聞きしたいと思います。寡聞の限りですが、ニチレイはEVA（経済付加価値）を真っ先に導入されたことで知られていますけれども、そのほかに何か特徴的な点があるかも含めて、いかがでしょうか。

大谷 まず1つ目は、単体重視から連結重視に移った段階で、基本的に全体の業績の管理は連結主体となり、「管理会計」、「制度会計」というくくりはあまりしていません。逆に言えば、東証への開示やアナリストへの開示も基本的には制度会計ベースで作業を進めております。

一方で、日々の業績の指標自体は、それぞれの事業会社ごとにKPIが違いますので、それぞれの

会社で日々管理している状況です。

　我々役員は、月額報酬以外に、最終的な成果報酬をもらいますが、EVAの割合が全体の2割ぐらい入っているような評価になっています。

● そうしますと、たとえば連結で各会社、あるいは部門と言ったほうがいいのかもしれませんが、その評価指標もEVAということになるのでしょうか。

大谷 役員などはそうです。一方で、連結経営のたとえば子会社自体の評価については、あくまでも連結上の予算をコミットして、それがクリアできたかできないかというかたちでやっています。したがって、そこでは、営業利益、経常利益、最終的にはボトムラインまであります。

● 唐沢先生、1990年代ぐらいから特に企業価値経営の展開がはやってきて、かなりブームになったのがここ10年・20年というところですけれども、そのあたりも含めて、日本での業績評価の傾向について教えていただけますか。

唐沢 日本の業績評価を見ていますと、KPI（キー・パフォーマンス・インディケーター）といいますか、やはり業績指標が中心のような感じがします。

　歴史的に、理論的な面では原価計算とか、予算とか、ABCとかBSCとか、いろいろ出ていますが、

（大谷邦夫 氏）

現場を私なりに見ていると、戦略があって、方針があって、それに基づいてKPIを細かく作り上げて業績評価をしている。そのあたりが骨組みではないかと思います。そこにBSCとかいろいろな新しい言葉を付け加えていますが、中身を見てみると基本的に同じ構造になっています。これが日本の業績管理会計の特色ではないかと思います。米国になってくるとまた少し違ってきますけれども。

● 大谷さんにお伺いします。業績評価の観点として、株主優先とか、あるいは株主視点でいこうとか、そうではなく、企業の存続可能性といっては言い過ぎかもしれませんが、継続的・安定的な成長を重視しようとか、いろいろな視点とかポリシーがあるのではないかと思いますが、貴社あるいは大谷さんご自身としては、どのような視点に立っておられるのでしょうか。

大谷 あくまで「大谷は」という言い方をしますと、企業経営の目的は意外とマクロ経済の目的に似ていると思います。1つは短期的な安定であり、いわゆる年度ごとの利益は大事ですので出さなくてはいけない。一方、長期的な成長も大事だと思います。言い方は難しいですが、ある時期、短期的な利益を犠牲にすることもあるかもしれないけれども、それで長期的な成長を考えるという、短期と長期の2つをにらみながらやっていかないと、短期的な利益ばかり追っていくとどこかで無理が出ると思います。

　キャッシュフローという概念からすれば、たとえば償却費が膨らんで営業利益が圧縮されようが、それは一緒ですが、現状ですと、たとえば設備投資をどんどんやって見かけ上の営業利益が圧縮されると、たいがいの人の見方は「いつまで投資するのか」となって、なかなか評価されない部分も実際にはあります。

　しかし、そうではないところもあるので、短期的な利益を継続して出していくのと同時に長期的

な成長をにらんでというところが、ある意味マクロ経済の施策論に似ているのではないかとは思っています。

唐沢 本来はそうあるべきです。ですから、管理会計の手法は、どちらかというと短期的な安定に関連する手法がすごく多いと思います。長期的な成長に関連してくると、どちらかというと管理会計よりも管理ファイナンスの理論が用いられているのではないかと思います。ですから、管理会計プロパーの中でどういうかたちで長期的な成長に関連する管理会計を構築できるのかが重要な課題です。管理会計の分野に関わりながらずうっと考えているのは、この点です。

● 今の唐沢先生のお話と関連するかもしれませんが、大谷さんに、ぜひお伺いしたいのは、EVAについて、実務あるいは現場の観点から見たとき、どのような点がEVAのメリットでありデメリットであると実感して使っておられるかという点なのですが。

大谷 まず、立場で分けますと、第一線ではEVAといっても難しいですし、理解されにくいです。たとえば、フーズという業績管理の枠組みの中では、生産機能があって、ロジスティックス機能があって、販売・営業機能があって、マーケティング機能があって、それから管理機能があるという中の、たとえば生産機能でいけば、歩留りであったり能率であったりというところに明らかに視点がいくわけです。

それで、今はロジスティックスが少し脚光を浴びてきたので、受発注も出荷動向予測から入っていきます。つまり、在庫の管理をどうしていくか、不良在庫あるいは過剰在庫をいかにもたないようにするかという指標で、管理されているわけです。

それはそれで理解できますけれども、では、外の人がどう見るかといったら、そこはある意味ノータッチです。たとえば、アナリストにしてみても、歩留りであろうが、能率であろうが、関係ないでしょう。要は、結果として利益が幾ら出たのか、あるいはどの程度成長を意識した投資をしているのか、その結果として成長性はどう変わったのか、どういい会社になったのか、というところを見るわけです。

そういう1つの対外的な考え方を社内で広げるための資本効率という視点からはEVA、会社によっていろいろな名称がありまして、うちの場合は「REP」と言っていますが、当社グループの戦略会議の中で社外取締役などと話をするときには適しているわけです。

● 先ほどKPIという話がありましたが、EVA・REP以外にも、最近ではたとえば「のれん」とか、あるいは無形資産の特許とか、いろいろなKPIが考えられると思いますが、貴社ではどのようなものを重視しておられますか。

大谷 対外的にリリースをしているのは、やはりROE、それからD/Eレシオです。内部的にはREPは当然意識していますし、ROEも意識しています。

当社グループは、一時2,200～2,300億円の有利子負債があった時期があります。そのときに、今の会長と前会長がその有利子負債の膨らみ具合を当然ながら気づきまして、これを圧縮していって、そうしたら時代論としてDE比率がそれなりに意識されるようになってきたという経緯はあります。

（唐沢昌敬 氏）

唐沢 実際に実務家が使うかどうかは別として、いわゆる教科書などでは顧客満足度とか、特許の件数とか、教育の件数とか、資格取得の件数などといった指標をあげています。財務指標は理論の世界では意外といろいろ出てきています。ただ、それは教科書に出ている指標であって、現実の経営者が使っているかどうかはわからないですが。

たとえば、特許がコアコンピタンスにつながる企業であれば、それが指標として機能しますが、一般企業でどうかというと、必ずしもそうではありません。

大谷 そうですね。ただ、当社の場合にはそれはないです。

唐沢 管理会計は、経営学もそうですが、やはり実務の世界と乖離している部分はかなりあります。いろいろな理論は参考にはなるけれども、逆に実務の世界はけっこう進んでいるなと思うことがよくあります。実際に米国のハイテク企業などを見ていても、Googleにしろ、Appleにしろ、原則論としては管理会計の枠の中だけど、実際には自主管理などを中心にしながらかなり柔軟に対応している。見てみると、プロジェクト別損益とか、リアライゼーションとか、稼働率とか、実行予算のようなものを、自主管理を中心に運用することにより、モチベーションの向上にうまく使っています。

ただ、そういうものは本をいくら読んでも何も出てきません。ですから、今日のこういう対談もそうですが、われわれは、もっと実務の世界に目を向けなければならないと思います。

● 最後にもう1点。貴社の場合は、業態が冷凍食品の会社から総合食品の会社に展開していくときに業績評価の指標は変わったのでしょうか。

大谷 業績評価の変遷はありました。

昔は、たぶん、本社総掛費とか支社総掛費という、いわゆる配賦を前提に物事を考えていたと思います。それは結局、そのあと「貢献利益」といって、いわゆるコントロール可能な費用の損益については、事業部で責任を持つとか、ディビジョンで責任を持つという発想になっていますが、今は分社しましたので、ある意味、全体損益でその会社の社長がどう判断するかというかたちになっています。

ただ、それを支社別に割り振ったときは、加工食品の会社でいきますと引き続き商品利益として、「商流費」といって、食品メーカーですと「販売促進費」、いわゆるリベートとか、あるいは一部協賛のお金を出す、といった販売諸経費も含めた段階での商品利益という管理をしています。

唐沢 直接費を引いたものということですね。

大谷 そうです。当然ながら物流費もありますが、固定費はあまり見ないで、変動費を中心に、商品利益が幾らになっているかで管理しています。別な見方をすると限界利益ということでしょうか。

III 日本の管理会計

● では、もう少し視野を広げて「日本の管理会計」というテーマでお伺いします。

まず、唐沢先生、従来の管理会計の手法について簡単に説明していただけますか。

唐沢 まず、管理会計は、オーソドックスに業績管理会計と意思決定管理会計という2つの分野に分かれています。もちろん古典的な手法は計画と統制ですから、原価計算と予算がベースになってくるわけです。それが現在まで続いている。その間、ABCとかBSCという概念が出てきて、管理会計の枠を少し広げようという動きが出てきた。でもなかなかうまくいっていない。それが現状だと思います。

ABC、EVA、BSCなどといった横文字が出るとワーッと飛びつくけれども、ABCは配賦基準の問題ではないかとか、EVAは税引後の営業利益から

資本コストを引いただけではないかとか、BSCの中身を見てみると戦略経営の目標管理版ではないかということで、業績管理会計はなかなか変化していないのが実態だと思います。

　もう1つは意思決定会計です。これもいろいろな企業が使っていますが、どうも中身を見てみると、変わってきている。企業評価の理論やポートフォリオ理論などが中心になっている。しかし、これはもしかしたら管理会計というよりもファイナンスではないか。「管理会計」と「会計」という言葉がついていますが、どうも会計という概念の枠から外れているのではないか。

　ただ、もちろん、ポートフォリオ理論や企業評価の理論の中には有力な理論も多く、経営者の意思決定において実際には使っていますが、果たしてこれらの理論が管理会計の理論かというと疑問のあるところです。

　大谷　問題となるのは、何を管理するのかという点だと思います。あるいは時代論に沿ったかたちで、たとえばIFRSとの絡みでいくと、予測概念が広がってきて、ある意味、時価評価に対応した管理会計が生み出せないのか、あるいはM＆Aが出てきたときにシミュレーションの世界で何かつかめないのか、少し曖昧ですが、そういったことがあります。

　唐沢　まさに意思決定会計は予測のレベルをどう取り込んでいくかということが重要な課題となります。従来の分析型ですと、過去の分析をして、その延長線上で予測をしていくやり方になります。今までの管理会計はそれが多かった。簡単に言うと、いわゆる減損の仕方も分析型です。過去の延長線上で将来を予測している。今、フェアバリューの決定においても、やはり過去の延長線上で将来を予測していることが多い。

　しかし、今はそういう時代ではない。では新しい手法は何かというと、まず、プロセス型の手法が考えられます。過去にとらわれない未来の有力な変数を明らかにして、いくつかのまさにシナリオを作って、確率論的にそれを考えていく意思決定会計です。でも、その場合の確率の出し方も問題になります。

　次に、創発型があると思います。この場合はむしろ、先ほどカオス的な状況と申し上げましたが、まさにカオス的な状況の中で予測をどうするのかという話です。そうすると、カオス的な状況ですから、普通ですと何が起こるかわからないということですけれども、実は、カオス的な状況の中にはコンテクストが生まれてくる。コンテクストをつかむと、時代の流れがそちらへ向かっていくときに逆に予測が可能になってくるのではないか。

　それからもう1つ、フラクタル性がありまして、将来起こることが小さなパターンで突然そのカオス的な状況の中に出てくる。それをつかんでいくと、ニチレイさんならニチレイさんの5年後・10年後の姿がパッと浮かび上がってくる。そこで今度は逆に未来からシナリオを作っていく。

　予測といっても、そういう3つのレベルの予測があると私は思います。ですが、やはり一番確実なのは創発型だと思います。一番難しいようですけれども、一番当たる確率があります。今やっている減損とかフェアバリューの予測は、語弊があるかもしれませんが、私はかなり外れるんじゃないかなと思います。

　大谷　M＆Aに戻ると、M＆Aは7割ぐらいが失敗だと雑誌や、ものの本に書かれていたりしますが、そうしたときに、何が失敗なのかというと、たとえば統合したときに将来の業績はこのくらいだというのは、あくまでも計量的な部分でしょうがないですが、一方で、何がうまくいかないかというと、よく企業風土だというわけです。企業風土がうまくマッチングしないとM＆Aは最終的になかなかうまくいかないということが出ているの

であれば、その企業風土をなんらかのかたちで評価して、そこに何か織り込めないのか。

たとえば、新たな管理会計として、そのような「買収管理会計」のようなものが管理会計の分野で広がったりするとおもしろいと思います。

唐沢 ニチレイさんの場合には、過去の買収の実績は今のところはどうですか。

大谷 失敗したという前に話が消滅していますので、大きな買収はそれほどしていません。だいたい40～50億円ぐらいの規模ですから、仮に万が一失敗しても大丈夫というレベルです。ただ、企業統合のようなケースですと、もっと慎重にやります。それはホールディングの判断になると思います。

唐沢 そのときの判断基準ですね。さまざまな指標を見ていくことになりますが、その中で管理会計指標がどのくらい貢献できるのかということでしょうね。

大谷 そういうことだと思います。

Ⅳ CSR

● 少し視点を変えて、CSR（企業の社会的責任）についてお伺いします。大谷さんは「CSR本部長」という肩書きも兼ねておられるわけですけれども、貴社ではCSRについてどのように取り組んでおられるのかについて教えてください。

大谷 まず、ニチレイグループには、「ニチレイグループの企業経営理念（ミッションステイトメント）」というものがあります。

その中で、1番目にあげられるのが「ミッション」で、これは存在意義です。ニチレイグループですと「くらしを見つめ、人々に心の満足を提供する」というミッションです。よく言われますが、「利益があって理念がない」のは最悪の会社です。ところが一方で、「理念はあるが利益がない」のは最低の会社です。いわゆる営利企業である以上、やはり利益を出さなければなりませんが、ミッションがあって具体的にビジョンを描けると意味でいくと、ミションがまずきちんとしている会社であることが大事です。

2番目に、ミッションにあわせて、方向性を示すための「ビジョン」があります。ビジョンは、圧縮していえば「ニチレイグループは、卓越した食品と物流のネットワークを備える、社会とともに成長できる企業になりましょう」ということになります。

3番目に、「発想と行動の原点」として、「ひたすらお客様のために！」という大きなくくりの中で、英語で言うとコアバリュー、要するに、ニチレイグループがどういう価値を大切にしているかという意味で、8つの点をあげています。特に1番目は歴代の社長もよく言われますけれども、「お客様第一、安全第一、品質第一を貫く」、これは基本的に短期的な利益の追求ではなく、お客様との長期的な関係構築を目指していくという本質を表したものです。これは、自分たちが何か行動を起こそうとしたとき、あるいは決断に迷ったときにここに戻れといっているわけです。

最後に、「ステークホルダーのために」として、当社の場合には、「お客様」、「従業員」、「株主・投資家」、

「ビジネスパートナー」、「社会」と5つに括っています。

このような企業理念に基づいて、さらに、ニチレイグループにはCSR活動を推進するための「6つの責任」があることをうたっています。「新たな顧客価値の創造」はCS、「働きがいの向上」はいわゆるES、「コンプライアンスの徹底」、「コーポレートガバナンスの確立」、「環境への配慮」、「ニチレイらしい社会貢献の推進」の6つです。

こうした責任を持つためには、まずトップが率先垂範してアクションを起こさなくてはいけないという意味で、ニチレイグループの場合には社長がCSR本部長を兼ねています。

● 貴社のCSRに関して、具体的に、他社よりもコミットしている、あるいは何かアクションをしているのはどういう点でしょうか。

大谷 グループとしては資源配分をしないといけないので、当然ながら優先順位をつけなくてはいけません。

ニチレイグループには、4つの事業ドメインがあります。その事業特性はそれぞれ異なっているわけですから、その特性に合ったかたちで社会に貢献していこうということがベースにあります。だから、無理をしないで事業特性に合ったニチレイらしい社会的な責任の果たし方をしていこうということです。

一例をあげますと、東日本大震災のときも、物流インフラはけっこう重要なことで、被災地の市や量販店の要請もあって、被災地の従業員にもかかわらず、不眠不休で物流のインフラを可能な限り早期に立ち上げて地域を守ったというケースもあります。

● 唐沢先生は、CSRについてどのようにお考えですか。

唐沢 実は私は、朝日文化財団の社会貢献調査のアドバイザーを二十数年前に10年以上やっていました。環境問題に対する対応とか、障害者雇用とか、文化支援活動とか、CSRをしっかりやっている、そのとき上位にランキングされている会社は、現在でも高い業績を維持しております。

それで今日、ニチレイさんもCSRをしっかりやっておられるから、長期間、持続的に高い業績を維持しているのだと感じました。こういった風土があるところがニチレイ成長の原動力なのですね。特に環境問題などもかなりしっかりやられていますね。

大谷 CSR報告書も、最初はウェブ版はなくて、どんどん冊子が厚くなるので、詳細情報はウェブに移そうということになり、紙ベースでダイジェスト版を出す今の形になりました。

唐沢 こう言うと失礼かもしれないですが、派手なところはないけれども、非常に地道にまじめに、細かいところに気を配りながら丁寧に、CSRに取り組んでいると感じます。

二十数年前に、「社会貢献なんかいいんだ。企業は利益を上げればいいんだ」と言い放った某有名会社の社長がいらっしゃって、そのときに大論争になりましたが、今はそんなことを言う人はいません。実は、そのころは社会貢献はコストがかかると考えられていました。けれども、今は逆に、まさに利益を上げて社会貢献をすることがステーク

ホルダーのグッドウイルを集め、企業の創造性のエネルギーを高めると考えられるようになってきています。ですから、CSRに対する考え方がすごく変わってきていると思います。

大谷 個人的には、CSRの原点は何かといったら、遵法であり、納税であり、それから雇用の維持だと思っています。これが原点だと思います。この原点を敷衍していくとグループの6つの責任に行きつくと思います。

唐沢 大谷さんがおっしゃるとおり、利益を上げて納税をし、それから雇用の安定とコンプライアンスをやりながら、地域社会への貢献とか、文化支援とか、今一番関心の高い地球環境問題にも取り組んでいく。もちろんサプライヤーに対する配慮も当然やっていく。私の考えは、CSRがしっかりした会社は持続的に成長しているということです。

● 食品会社ということも、CSRに対する取組みの姿勢を意識づけるというか、プライオリティーを上げることに関係してきますか。

大谷 それはあります。いわゆるB to Cの部分もありますので、これは自分も含めて生活者を相手にしているわけです。ですから自分の家族もそうです。妻が外でうちの製品を買って、たとえば安全でないものを買ったとしたら、忸怩たる思いにかられるでしょう。それを広げていくと、やはり事業特性に合ったかたちでの安全・安心とは何かとか、儲ければいいというものではないという発想につながってくると思います。

唐沢 金融の方のCSRに対する感覚と、食品とかB to Cをやっている会社の方の感覚は、やはり大きな違いがありますね。

● それからもう1点、CSRに関して、ダイジェスト版を拝見しましたけれども、ウェブ版を見せていただいたときに、今、「統合報告」で世界的にいろいろな動きがあって、日本でもいろいろな取組みが始まっているところです。先進的に取り組まれているところもあれば、「統合報告」というよりも、まずはそれぞれの部署の報告を充実させていくという観点もありますが、大谷さんご自身は、「統合報告」について、どのようにお考えですか。

大谷 今、足元の状況を申し上げますと、当社でも検討しています。

「CSRレポート」の他に、「HOPPE」という事業報告書があります。経理は経理で有価証券報告書を作っています。それからアニュアルレポートも作っています。これは財務のIRです。つまり、報告書が4つもあります。

それで、これだけ企業がスリム化してきた中で同じ材料を使って、特に財務データなどはアニュアルだとただ英語に変えるだけです。そういった面からも何か工夫がないかと今の会長の村井からも言われていまして、そこは今、プロジェクトベースで見直しをしています。ただ、統合レポートにするかどうかについては、若干否定的な意見を持つ担当者もいると思います。

唐沢 とりあえず現状としては、各社ともCSRの報告書は、営業報告書とはまた別に株主等に送ってきています。今は別なデータとしていただいていますから、少なくともCSRもしくはリスク等の財務情報は株主は入手しているわけです。

ですから、今はばらばらで送られてきている情報を「統合報告」により1つの報告の体系の中にまとめてしまいましょうということだと思います。少し気になるのは、その場合に、統一概念のようなものが何かないと、やたらにいろいろな情報が入っているだけで、どこに重点をおいているのか、かえって分かりづらくなってしまう恐れがあります。

逆に今はわかりやすいですね。財務情報でボーンと来ますから。CSRの報告だと、ステークホ

ダーに対してどのように対応しているのかとか、どういったCSRなのかがわかります。ですから、今のほうがむしろ読みやすいので、統合報告にしたときに、わかりやすさなどの面で何か整理するような考え方が出てこないと難しいと思っています。

大谷 まさに唐沢先生がおっしゃったように、アウトプットを出したときに、受け手のことも考えなければいけないと思います。受け手が混乱するようではだめですし、今持っている情報量が適正かどうかはさておき、その情報を正しく発信して正しく受けてもらうことが大事だと思っているので、その過程の中で、たとえば統合報告がいいのか分けて出すのがいいのかは検討すべき課題だと思います。

Ⅴ 次世代の会計プロフェッションへの期待

● 最後に、「次世代の会計プロフェッションへの期待」についてお伺いしたいのですが、まず大谷さん、貴社では、財務ＩＲ部とか経理部に公認会計士とか税理士などの会計プロフェッションの方はいらっしゃるのでしょうか。

大谷 公認会計士がいます。男性が４名、うち１名が今オランダに赴任しています。また、女性が１名です。

男性４名のうち、１名は今年の４月に新卒採用で採りました。それから、もう１名は会社に入社してから公認会計士の資格を取りたいということで、社内で補助を出して取得させました。残りの２名は、昨年、キャリア採用しました。一方、女性の１名も、キャリア採用です。

キャリア採用の男女２名は監査法人、それからもう１名は監査法人の税務をやっていました。キャリア採用の年齢は、31、32歳ぐらいだったと思います。

● 社内で会計プロフェッションを雇用して使うと、どういうメリット、デメリットがあるでしょうか。

大谷 １つは、会社のニーズです。事業会社が海外戦略を展開していく、あるいは国内の事業を展開していくなかでは、プロフェッショナルとしての知識を持った人がいたほうが望ましいということが１つあげられます。

それから、背景としては、IFRSの導入が少し遅れて、なおかつ、会計士の皆さん方のお仕事が相当忙しくなるわりには、少し閉塞感があるようなことを考える方もいらっしゃって、一応、手を挙げた方に対してオファーを出したら来ていただけたというところがあります。

彼らの中には、社内で非常に評価の高い方もいます。何かスキーム立案をしてくれというときに、普通は会社ですと、何回かそのような修羅場を経験して蓄積があった中でスキームを描いてくると思いますが、その方はべつに会社でのそのような経験がなくても適応できるので、ある意味、今の部長などは非常に助かっていると思います。

● 唐沢先生は、企業内会計士の問題についてはどのようにお考えですか。

唐沢 これから国際化して、求められる知識が高度化し多様化してくれば、CFO・経理・会計に限らず、特にＭ＆Ａなどといった分野で企業内会計士のニーズはものすごく高いと思います。これからだと思います。

また私は、企業内会計士というのは、やはり基本的にはキャリア採用だと思います。監査法人で何年か、たとえば５年ぐらい経験を積んだ、いわゆるシニアクラスですね。そうした経験をベースにした上で、企業に入っていくのが一番いいと思います。かつての米国もそうでした。20～30年前の米国の監査法人では大量にCPAが入ってきて、３年から５年で大量に出ていったわけです。

ですから、5年ぐらいのキャリアが一番いいのではないかと思います。企業もまた、そのようなキャリアを求めていると思います。

大谷 昔は「監査小六法」といっても、今より小さいサイズで、厚さもさほどありませんでした。今はＡ４サイズ。それを全部覚える必要はないですが、これだけの会計知識を経験した人のほうが、やはり実業界でも貴重になってくるのではないかと思います。だから、会計士は会社でも絶対生きていけるのではないかと思います。

唐沢 私は、会計士は社会的にはすごく求められていると思っています。特に5年ぐらいのキャリアの会計士は、本当は引っ張りだこだと思います。会計士の需要は十分あるけれども、それをうまく企業と結び付ける仕組みがない、そんな気がします。

● 将来の日本もしくは世界のビジネスシーンを担っていくはずの会計プロフェッションに向けて、大谷さんからメッセージをお願いいたします。

大谷 これはけっこうたくさんあって、1つ目は、近い視点でいうと、当然ながらグローバル化への対応をしていってほしい。ただ、「グローバル人財」とは何か、「国際的な人財」とは何か、というとなかなかつかみどころがありません。具体的に申し上げると、当然ながら会計知識を持っているだけでなく、語学対応が必要というところがあります。また、多様性の受入れも必要でしょう。日本の会計士として世界で、日本のあり方なり会計の潮流を主張できる人材が必要になってくるだろうし、そういう人材になってほしいというのが1点目です。

次に、経営サイドの立場からいくと、経営者は未来志向です。過去は実績が出ているので、どちらかというと将来どうするのか考えている時間のほうが多くて、その未来志向の経営者に対して、いい相談相手になれる会計プロフェッションであってほしいというのが2点目です。

3つ目は、それを広げると、経営者と経理部門担当者と会計士は、昔はもう少しフランクにお互いにディスカッションができましたが、今は、お互いに変に遠慮している部分があるように感じています。そこは正しい意味での協働を実現してほしい、というのが3点目です。

唐沢 結局、トップから信頼される会計士は、たとえば「Ｍ＆Ａをしたいんだけど、いい方法はありますか」というという経営者の問いかけに対して、「こういうやり方があります」と言うことができる、コミュニケーションでき知的なレベルの問題提起ができる会計士ということだと思いますね。

● 今のお話を受けまして、唐沢先生からも次世代の会計プロフェッションへのメッセージをお願いいたします。

唐沢 今大谷社長がおっしゃったことで語り尽くされていますけれども、少なくとも会計士ですから、会計の専門家、監査の専門家であることはもちろん間違いないですから、それはパーフェクトにやらなければいけない。

でも、せっかく企業というインターフェイスを持っているわけです。企業というダイナミックな現場に対して、特に経営者に対して、会計を通してインターフェイスを持っていることは、会計士の仕事分野にいろいろな広がりがあることを意味しています。それを本人がどう受け止めるかです。監査は完璧にやる。そして周辺分野の提案もできる。ですから、ある先生は、監査の批判性だけではなく、指導性を言われています。私は創造性です。会社が求めていることに対して柔軟に応えられるような会計士がこれからは必要ではないかと思います。

それをやれば、本人にとっても無限の可能性が出てきます。もちろん、監査人として一流になれば、

それだけではなく、もしかしたら自分で経営もできるかもしれない。コンサルタントにもなれるかもしれない。ですから、私は、気持ちのもち方によって無限の広がりのある職業だと思います。

大谷 昔、株式会社ができたとき、一航海で出資者を募って、商売で儲けたら資本を出した人に戻すというころの会計の業務は、航海術を知らないとだめでしょうし、出資者を集めることもできないでしょうし、航海する中で船を難破させたりしてはいけないという意味では、星を読み、気象学も知らないといけなかったでしょう。

会計士はたぶん、そういう能力が必要なのでしょう。だから、会計士にとっての気象学は、環境動向であったり、企業動向であったり、それを見ながら監査をすれば、危ないところは指摘できるでしょうし、経営者をサポートできる部分もあるでしょうし、そのようなことができる会計プロフェッションになることを若い方たちに期待したいです。

● 本日は、どうもありがとうございました。

（なお、本対談は、町田祥弘（青山学院大学大学院会計プロフェッション研究科教授）の司会進行により、2013年7月25日に実施したものである。）

大谷 邦夫（おおたにくにお）

1980 年 4 月	日本冷蔵株式会社（現　株式会社ニチレイ）入社
2005 年 4 月	株式会社ニチレイプロサーヴ取締役常務執行役員
2008 年 4 月	株式会社ニチレイ経営企画部長
2010 年 4 月	同　事業経営支援部長　兼　経営企画部長
2010 年 6 月	同　執行役員　事業経営支援部長　兼　経営企画部長
2012 年 4 月	株式会社ニチレイプロサーヴ代表取締役社長を兼務
2012 年 6 月	株式会社ニチレイ取締役執行役員経営企画部長
2013 年 6 月	同　代表取締役社長（現在に至る）

唐沢 昌敬（からさわまさたか）

1968 年	慶應義塾大学経済学部卒（経済学士）
1974 年	同大学院同研究科博士課程単位取得満期退学
2002 年	社会学博士（慶應義塾大学）第 3548 号
1973 年	唐沢公認会計士事務所開設
1990 年	中央新光監査法人代表社員（1999 年 9 月まで）
1997 年	カリフォルニア州立大学サクラメント校客員研究員（1998 年 1 月まで）
2000 年	学校法人北里学園常任理事財務担当（2003 年 6 月まで）
2005 年より	青山学院大学大学院教授（現在至る）。

特集 II

乱気流経済下の業績評価

■環境変化の中の戦略経営と人材経営(管理会計の貢献)／小倉　昇
■人本主義企業をめざす管理会計／水野 一郎
■「アメーバ経営と経営改革」〜部門別採算制度の導入〜／森田 直行
■乱気流経済下の業績評価システムの役割／丹生谷 晋
■企業価値創造経営の再評価　経営指標の観点から／本合 暁詩
■地方自治体の経営改革と公会計情報の活用／鵜川 正樹
　ー町田市の公会計制度改革の事例からー

特集IIでは、「乱気流経済下の業績評価」という統一テーマの下、管理会計を専門とする学者の観点、経営コンサルティングの観点、実際の企業経営の現場の観点及び地方自治体の公会計の観点から、6篇の論稿を掲載している。それぞれの論稿の内容は多岐にわたるが、それこそが今日の業績評価の多様性や、"乱気流経済下"において新たな経営指標や考え方を探し求めている管理会計及び企業実務の現状を明らかにしているものと思われる。

特集 II

環境変化の中の戦略経営と人材経営（管理会計の貢献）

青山学院大学大学院会計プロフェッション研究科 研究科長・教授

小倉　昇

　本稿では、激動するビジネス環境のもとで従来型の管理会計が抱える問題点を指摘するとともに、日本企業の間で注目を集めつつある人材経営（人材育成を戦略の基本に置く経営の考え方）について評価を試みる。ビジネス環境の変化を、可逆的変化と非可逆的変化に区分して理解することによって、中期経営計画と予算の連動を軸とする従来型の管理会計の限界を明らかにし、また、ユニクロの経営事例の観察を通じて人材経営の難しさとメリットを分析する。

はじめに

　巻頭言において問題を提起したように、近年の社会環境および経済環境にみられる急激な変化は、中期（長期）経営計画から予算へ、予算から業務計画へと展開してゆくカスケード型のマネジメント・コントロール・システムでは十分に対応できなくなっている。それでも環境変化の方向性やスピードがある程度予測可能であると仮定した場合には、1990年代に米国で提案されたバランス・スコアカード（balanced scorecard : BSC）や企業価値経営（value-based management）などの手法が有効に働く余地があったのかもしれない。しかし、リーマンショック後の世界経済の現実は、想定を超える変化の渦に多くの組織を巻き込んでいる。

　このような環境変化の下で、組織の中で管理会計が担ってきた業績管理の機能が有効であり続けるのか、という問題に対して筆者なりの解答を表明することが本稿の目的である。管理会計の研究者として、環境条件が大きく変動する中で部門や従業員の業績を評価することが全く無駄なことであると、結論付けるつもりはない。少しでも管理会計が貢献できる点があるとすれば、それはどのようなコンテクストの中で、どのような管理会計の使い方をするべきなのか、という問題を解き明かすことになる。

　本稿では、まず次節で、ビジネス環境の変化と事業戦略の関係について、可逆的変化と非可逆的変化を区分することが、従来の管理会計、特に戦略管理会計と呼ばれる分野を批判的にみるために必要であることを説明する。第3節では、戦略管理会計が予想可能な環境変化に対応するには優れた仕組みであるが、予想が困難な（特に変化の方向を予測することが困難な）可逆的な環境変化に対して限界があることを説明する。続く第4節では、環境変化の中で事業を急速に展開してきた企業としてファーストリテイリング（ユニクロ）の事例を取り上げ、ユニクロのビジネスモデルには、可逆的な環境変化への対応の仕組みが組み込まれていることを指摘する。最後に、第5節で筆者の主張をまとめる。

II ビジネス環境の変化と事業戦略

　世の中で「戦略」または「経営戦略」という言葉が使われるとき、その言葉を使う人によって意味が異なることはしばしば指摘されてきた。ここで、経営戦略の定義に関する先行研究を顧みる紙幅の余裕はないので、本稿で取り上げる経営戦略とは、ビジネス環境の変化に対して組織設計や資源投入のあり方を見直すことであると定義しておく。

　さて、ビジネス環境の変化を予測し、対応策を講じるときに、環境変化が可逆的な変化であるか、非可逆的な変化であるかを見極めることが重要である。非可逆的な環境変化とは、たとえば、日本の人口構成における少子高齢化の進行や、地球上の化石エネルギー資源の枯渇、地球温暖化などのように、一つの方向に向かって環境条件が変化し、もとの状態に戻る可能性が低いケースを指す。

　他方、可逆的な環境変化とは、市場需要の波動的な変動を一般的な例として挙げることができる。また、大規模な自然災害や戦争、あるいは予期しない政権交代などによって経済が大きな影響を受ける場合は、波動的とはいえないが可逆的な環境変動である場合が多い。一時的にビジネス環境は変化するものの、原因が取り除かれれば環境条件はもとに戻るので可逆的な変化といえる。可逆的な環境変化は、ビジネスに負の影響を与えるものだけではない。たとえば、2012年末に政権復帰を果たした自民党の経済政策（いわゆるアベノミクス）が誘発した円安と株高は、日本企業のビジネス環境を著しく改善したが、政権交代からほぼ1年を経過しようとする現在、いつアベノミクス効果が消滅し円高・株安に戻るかもしれないという心配が多くの企業人の頭の中にあるだろう。

　一般論としていえば、非可逆的なビジネス環境の変化はゆっくりと時間をかけて進行するものが多く、可逆的なビジネス環境の変化は短時間で急速に変化が進む。しかし、時には例外もある。1990年前後に発生した東欧の共産党政権の崩壊は、世界経済とって急激な環境変化であったが、これらの国々で共産主義政党が再び政権の座に就くと心配する人は少なかっただろう。2011年の東京電力福島原子力発電所の事故も、原子力ビジネスにとっては急激な環境変化をもたらしたが、やはり後戻りすることはない影響を与えたといえる。

　環境変化について、可逆的なものと非可逆的なものとを区別しなければならない理由は、その変化に対する適応行動のリードタイムが異なるからである。比較的ゆっくりと環境変化が進行し、同じ方向に変化が続く場合には、環境変化への適応に時間をかけることが許されるのに対して、環境が急激に変化し、しかもどの時点で変化の方向が逆転するか予想できない状況の下では、環境変化への適応に時間をかけている余裕はない。

　リードタイムの違いは、適応行動の選択に影響を与える。まず、リードタイムの長短によってコストが異なる場合が多い。市場ニーズに対応した新製品の生産のために新しい工場が必要な場合を考える。自社で工場を設計し、工場用地を手当てして建設会社に発注し、生産ラインも自社で組み、既存の生産ラインの従業員を再訓練して配置すれば、短くても1年半から2年ぐらいのリードタイムが必要になる。海外に工場を建てる場合にはさらに長い準備期間が必要な場合もある。

　ところが、M&Aを使って要望に沿った製造企業を買収するという手段もある。M&Aを使えば、すべて自社で準備する場合に比べて短い時間で、必要な土地（立地）、必要な設備、必要な人材が手に入る。積極的にM&Aを行うのは時間をお金で買うことである、と説明する経営者も少なくないように、自前で新工場を準備するよりもコストは

高くつく場合が多いが、短時間で必要なものをそろえることができるという利点をもつ。

　必要なリードタイムの長短は、求める機能や品質とも強い関連性をもつ。簡単にいえば、M&Aやアウトソーシングなどの手段で入手可能な機能は、簡単に他社に模倣・追随される可能性が高いということである。もし、他社との差別化を経営戦略の軸に据えるなら、自社で技術開発を行い、設備の設計や従業員の教育も自社で行うべきである。機能に付随する品質についても同様である。つまり、リードタイムが長い調達手段は必ずコストが低いわけではなく、かえってコストが高くつく場合もあるが、それでも差別化戦略をとる企業では、他社と差別化できる機能や品質を手に入れる手段として自社開発を選ぶ場合もある。

　このように、非可逆的な環境変化に適応する技術的先行投資は、差別化戦略の中心的な手段となりうるが、他方で、先行投資を回収するための固定費の負担をふくらませ、企業の利益率を下げるとともに、赤字決算に転落するリスクも増大させている。

　他方、可逆的に変化する環境に対しては、リードタイムが長い適応の手段を採用することは適切ではない。環境変化に気が付き資源を投入して準備を進めても、適応行動の準備に時間がかかり、効果が現れるのが1年以上先のことになれば、その頃には環境条件は逆の方向に向かって変化してしまっているかもしれない。このような場合、企業は先行して投入した資源のコストを無駄にするだけでなく、もし環境に整合した行動を選択していれば得られたであろう利益を失うことになる。

　環境の可逆的変化に対して即応できる適応の手段を見つけられなかった企業は、環境の変化に適応することはあきらめ、環境条件がもとに戻るのを待つことを選ぶこともできる。その場合には、首尾よく環境適応を行った他企業が高い利益をあげているのを横目でみながら、一定の期間は低い利益でがまんし続けなければならない。可逆的な環境変化は、季節変動や景気変動などの形で反復的に発生するものも多いので、可逆的かつ反復的な環境条件の変化に対して短いリードタイムで適応する手段をもつ企業と、そうでない企業は、利益率の高低に差が出ることになる。

　近年のビジネスの大きな特徴は、技術進歩のスピードが速くなり、製品のライフサイクルが短くなったことである。たとえば、25年前の1980年代末には日本の自動車メーカーの製品開発期間が30カ月から36カ月であると言われ、米国やヨーロッパの自動車メーカーの製品開発期間は、短い会社で45カ月から60カ月であると言われた（ダートウゾス、1990）。それが、2000年代の報告では、10カ月代前半から20カ月と大幅に縮まり、さらに日米欧の自動車メーカーの製品開発期間の差はほとんどなくなったともいわれている。さらに開発期間が短いデジカメ、携帯電話、液晶テレビ、などの開発期間は、1990年代に1年近くあったものが、最近では6カ月以下、短いものでは2〜3カ月ともいわれるようになっている。

　業界全体での製品ライフサイクルの短期化という現象は、もし自社が技術的に差別化される製品を発売しても、比較的短期間で他社がキャッチアップする可能性を高めている。技術的な差別化のために、比較的大きな金額の先行投資を行っても、先行投資を回収する期間が短くなり、場合によっては回収できないまま次世代の製品の開発に移らなければならない状況も発生する。

　これは不可逆的な環境変化には適応する必要がないと言っているのではない。もし環境適応を怠れば、1990年代によく言われた「茹で蛙」のように市場から退出する運命が待つだけである。逆に、

時間をかけて技術開発をし、新しい技術を使いこなせるように従業員を教育し、革新的な製品やサービスを市場に提供しても、そのことによって競合他社と差別化した利益を享受できる時間は短くなっているということである。それゆえ、先行して投資した資金をできるだけ短期間に回収することが、企業の長期的な利益を確保するために重要な条件となる。

したがって、環境変化への戦略的適応は、可逆的な変化への適応を優先させるか、非可逆的な変化への適応を優先させるかという、選択の問題ではなくなっている。先に述べたように、非可逆的な環境変化への適応は有形・無形の先行投資を必要とする。これらの先行投資は、会計上は固定費という形で後続の会計期間に負担させられるので、それぞれの企業は増大する固定費をカバーするだけの高い利益を毎期の営業活動から得る必要がある。つまり、可逆的に変化する環境に迅速に対応しながら、それぞれの環境局面で利益を最大化する努力が必要である。

Ⅲ 戦略管理会計の限界

1990年代に管理会計分野では、活動基準原価計算（activity-based costing：ABC）、経済付加価値（economic value-added：EVA）、バランス・スコアカードなどの新しい手法が次々と提案され、研究者のみならず実務家からも注目を浴びた。また、決して新しいと言えないものの先進的な日本の製造企業が採用していた原価企画（target costing）も、欧米企業からは目新しい管理手法として1990年代に注目されるようになった。

1990年代に登場したこれらの新しい技法を特徴づける総称として、戦略管理会計（strategic management accounting）という言葉が使われるようになり、最近では、管理会計の標準的な教科書の半数以上には、目次の中に「戦略管理会計」というタイトルをみることができる。

戦略管理会計の主要なコンテンツである、インカムアプローチを用いた事業評価、バランス・スコアカード、原価企画などの管理会計手法は、中長期の視点をもつ企業目標を設定し、その目標の達成プロセスを年次または半期、四半期ごとという短い期間に区切って管理するものである。それぞれの手法によって、意思決定の精緻化に重点を置くもの、複数目標の組合せの相乗効果に重点を置くものなど、焦点の合わせ方には差があるものの、伝統的な管理会計では軽視されてきた中長期目標の達成管理を強調するという共通点をもつ。

インカムアプローチを用いた事業評価については、1980年代に企業評価の手法として投資家に浸透したフリー・キャッシュフロー・モデルに加えて、1991年には経済付加価値（EVA）を用いた株主価値の推定モデルがB. Stewart, Ⅲによって提案され、また、1995年には残余利益（residual income）を用いた株主価値の推定モデルも提案された（Ohlson, 1995）。これらの新しい提案は、フリー・キャッシュフロー（以後、ＦＣＦと略記）に比べ、実際の企業で経営計画や事業計画を記述する際に用いられてきた会計概念に近かったために、企業内で事業評価を行う際の手法として用いられることも多く、急速に普及した。

事業価値の推定にＦＣＦを用いるか、ＥＶＡを用いるか、残余利益を用いるかという選択の幅はあるものの、インカムアプローチを適用するためには、将来の数期間にわたるその係数の予測値を用意しなければならない。中期経営計画を作成している企業では、その経営計画に含まれる事業計画の数値をそのまま（あるいは調整を加えて）用いることができるが、事業計画の数値は将来のビジ

ネス環境を予測し、ビジネス環境の変化に対応する施策を実行することを前提に作成されたものである。

つまり、ビジネス環境の変化に関する要因は管理可能ではないので、現時点で選択可能な要因を施策と定義すれば、施策の選択によって事業価値がどの程度増減するかを計算することが可能になる。中期経営計画の中で施策とされるものは、現時点での選択が2年後、3年後の事業成果に影響を与える性質のもの、前節の表現にあてはめればリードタイムが長い環境適応行動にあたるものである。リードタイムが短い環境適応行動（施策）は、その期になってから行動を選択しても十分に間に合う。しかし、リードタイムが長い環境適応行動（施策）は、中期経営計画の策定の際に最適な選択をしておかなければ、環境変化が始まってから選択を変更しても、その年の事業成果を改善することはできないからである。

中期経営計画の策定にあたって選択されたリードタイムが長い施策は、年次予算（あるいは年次利益計画）の策定の際には、すでに実行プロセスに入っているので規定値として扱われ、年次予算の際の主たる関心はリードタイムが数カ月から1年程度の施策へと移行する。さらに、四半期予算や月次予算（多くの企業では月次予算は毎月作成されるのではなく、四半期ごとに3カ月分が作成される）の策定にあたっては、中期経営計画で選択された施策、年次利益計画で選択された施策を規定値と受け止め、それらを前提にリードタイムが2か月以内の施策の選択が行われる。

さらに緻密な業務計画の策定が必要な企業では、四半期予算（月次予算）を前提にした月次の業務計画を策定し、それを旬次（10日ごと）あるいは週次の日程計画へと展開してゆく。

このようにリードタイムの長い施策から順次決定してゆく計画手法をカスケード型の計画と呼ぶことにする。カスケード型の計画では、計画策定プロセスの中で選択されたリードタイムが相対的に長い施策は、内部変数なので大きく変化することは少ないのに対して（そうはいっても、建設が終わった生産設備が技術上の問題で計画通りの機能を出せない、従業員が大量に引き抜かれる、などとリードタイムが長い内部要因が中期計画や年次計画とかい離することは考えられる）、環境要因は外部変数なので予測から外れて変化することは多いと考えられる。

したがって、リードタイムが長い施策といえども、環境要因の変化に合わせて選択の見直しを行い、施策の中止、あるいは縮小、拡大などの修正行動をとる必要が主張される。たとえば、中期経営計画を策定する日本企業の約半数が、ローリング方式で中期経営計画を毎年見直していると報告されている。ローリング方式で毎年中期経営計画を見直す企業では、リードタイムが長い施策の見直しも年に1度は行われると理解していいだろう。

企業全体あるいは企業グループ全体を対象とする中期経営計画を年に1回より高い頻度で更新するのは負担の重い作業かもしれないが、インカム法による事業評価の知識が広まるとともに事業評価計算に必要な情報の蓄積が進むことによって、事業単位レベルでの中期計画は、年に1度というよりは高い頻度で、たとえば四半期ごとに見直しを行うことも可能になる。

このように戦略管理会計がうまく機能する組織では、中期計画での代替案の選択と短期計画における代替案の選択への連動性が高くなり、逆に、月次あるいは四半期ごとのコントロール（計画と実績の対比）の結果が迅速に、中長期計画の見直しに反映されるようになると考えられている。しかし、中長期の計画と短期のコントロールを連動させる

という戦略管理会計の理想は、第2節で紹介した非可逆的な環境変化に対するリードタイムが長い施策を前提としたものにすぎない。急速で方向性も不確実な環境の変化に対しては、リードタイムの長い施策を選択することが将来の意思決定の選択肢を狭く限定してしまうことになるからである。

Ⅳ 人材経営による環境対応（ユニクロのケース）

この節では、長期的な視点での環境適応と短期的な視点での環境適応を両立させている企業として、ユニクロ（株式会社ファーストリテイリング）のケースを紹介し、この環境変動の時代にキーサクセスファクターとなる管理要因をみてゆきたい。

今では世界中の人が知るようになった日本のアパレルブランドのユニクロは、株式会社ファーストリテイリングが提供しているブランドである。"ユニクロ"は会社名ではなく、また（株）ファーストリテイリングが展開するブランドは"ユニクロ"だけではないので、同社のことを"ユニクロ"という名前で呼ぶことは正確ではない。しかし、（株）ファーストリテイリングという表現は文字数が多くなり、また、ほとんどの文献で"ユニクロ"とい

う表現を使ってこの会社を紹介することが一般化しているので、本稿でも"ユニクロ"という表現を会社名の代わりに使う。

会計指標から見たユニクロの大きな特徴は、高い営業利益率（対売上高）と高い売上高成長率である（図1参照）。ユニクロと同様に日本全国に店舗を展開しているアパレル産業の会社と比較すれば、売上高営業利益率では、2005年以来他社を寄せ付けない高い水準（14～16％）を保ち、また、売上高増減率を見ても、売上高が前年度比でほとんど横這いであった2011年を除けば、ユナイテッドアローズと業界の1位と2位を分け合っているというのが実態である（図2参照）。

最近のユニクロは、中国への店舗展開やロンドン、ニューヨークでの直営店開設など、流通面でのグローバル展開がジャーナリズムによく取り上げられている。これは、国内の同業他社から頭一つ抜きでた売上高成長率の高さが注目を集めた結果である。他方、ユニクロは、製造小売（SPA）というビジネスモデルを成功させたアパレル業界の数少ない事例としても評価されている。ただ、ユニクロが上流の製造部門の統合に手を付けたのは1990年代中ごろであり、ジャーナリズムにとって

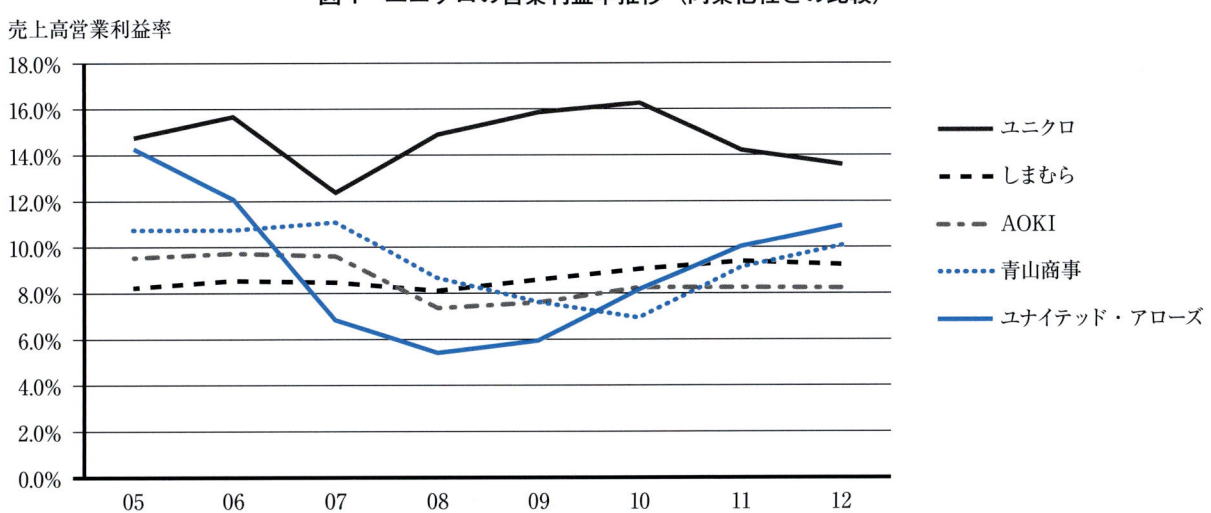

図1　ユニクロの営業利益率推移（同業他社との比較）

は今さら取材するような話題ではないのかもしれない。ところが、20年近くも製造小売という業態を維持し続け、さらに高い売上高成長率に見合った上流部門の統合を実現している事例は、ユニクロが分類されるアパレル産業では希少である。

繊維産業は古くから、製糸、織布、染色、縫製といった工程を別々の専門企業が担当し、さらにそれぞれの工程の間に中間流通を担当する卸売業者や商社が入る構造をしていた。それぞれの工程を担当する企業と、中間卸業者が利益を取るので、最終製品の価格は高くならざるを得なかった。しかも、流行性がある最終製品を担当する服飾小売業者はかなり高い市場リスクにさらされるので、もし市場リスクが悪い方に振れたとしてもそれを吸収できる程度に取引の規模をコントロールする。それゆえ、少数の例外を除いては、小規模の小売業者が林立するという結果になっている。

最終製品を扱う小売業者が市場リスクを小分けにして分担する結果、最終製品市場のリスクの一部分は、上流工程の製造業者や中間流通業者にも伝搬する。上流の製造業者は、小売業者とは異なる形で市場リスクを吸収しようとする。つまり、需要の変動が激しいアパレル市場への出荷と並行して、需要量が安定している制服や生活用品などへの製品（糸や布などの中間製品）の供給を行う。製糸、織布、染色などの製造工程は、技術の高度化と自動化が進んでいるので、固定費の比率が高くなり、規模の経済が強く働く結果、一定の生産量を確保しなければ採算が取れないからである。

ほかの業種でもみられるように、需要変動が小さな非アパレル向けの受注には低い粗利益率を付けて受注量を確保し、その替りに、需要変動が大きなアパレル向けの出荷に高い粗利益率を付けることによって、事業規模に対する需要変動リスクの割合を引き下げながらある程度の利益率を確保するという、ポートフォリオ・マネジメントが行われる。多段階に分かれた上流工程の各段階で、需要変動リスクに見合った高い粗利益率を確保するという受注戦略がとられる結果、服飾品の最終製品コストは非常に高い水準になっている。

上流から多段階に分かれる工程を統合すれば、中間マージンを吐き出させ最終製品のコストを抑制できることは古くからわかっていた。これまでも上流工程の統合に挑戦する企業は少なくなかったが、最終製品市場の需要変動リスクを長期に吸収し続けることができずに短期のうちに撤退する

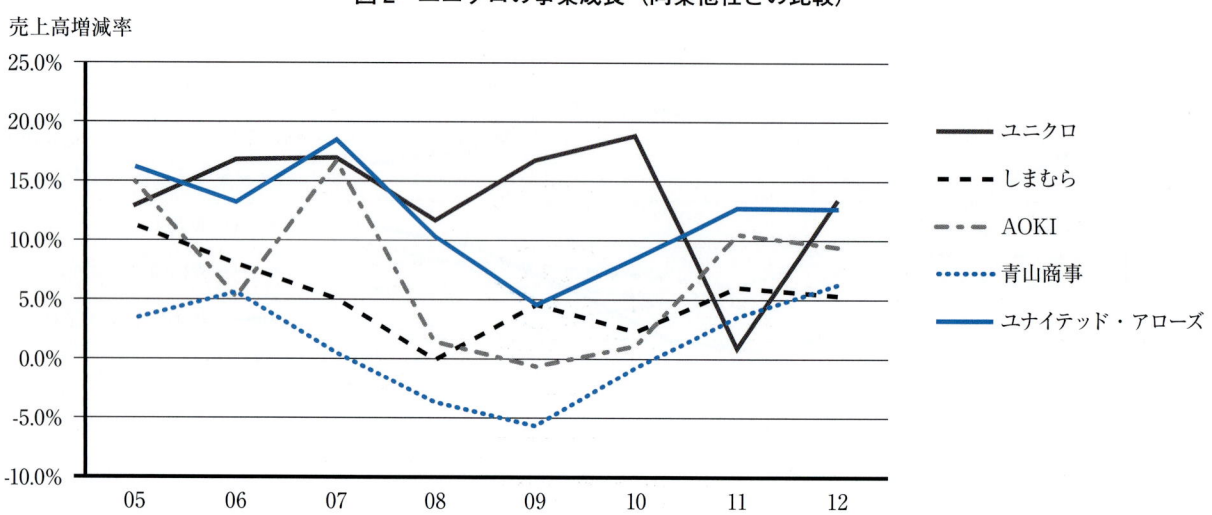

図2　ユニクロの事業成長（同業他社との比較）

例が多かったと思われる。ユニクロは、1990年代中頃には中国の繊維産業に製品の生産委託を始める。ただ、デザインを渡して、納期までに注文数の完成品を送らせるという生産委託ではなく、中国の生産工場には、日本から熟練した職人を送り生産技術を指導させ、ユニクロの社員が常駐して徹底的に品質管理を行うなど、日本の小売店舗と直結した生産管理を行った。その結果、ユニクロが1998年にフリースの衣類を発売したときには、他社が5千円前後で上着を販売していたのに対して、2千円を切る価格で市場に製品を投入し、その年には200万枚、翌年には850万枚という数量を売り上げたというエピソードは有名である。

上流工程を統合することによって実現したコスト競争力、つまり、最終製品を競合他社よりも低いコストで供給できる能力の半分は、他社より安い価格で顧客を引き付け、売上高を急成長させるために使われた。他の半分は、高い粗利益率を維持して、その粗利益によって上流工程の固定費を回収するために使われた。上流工程の統合による製品の低コスト化、高い粗利益率の実現、上流工程の固定費の回収という、好循環が長期間維持できれば理想的なビジネスモデルであるが、アパレル産業ではなかなかそれが許されない。ユニクロでも、フリース商品の大ヒットは2年間で終焉し、売上高の成長は止まってしまう。

ユニクロの特色である高い営業利益率と高い成長率を支えているのが、フリースやヒートテック、エアリズムなどの他社と差別化した素材を供給可能な上流工程にあることは間違いない。しかし、新しい材料技術や新しい製品コンセプトも競合他社がキャッチアップするのにそれほど長い時間はかからない。また、新しい材料や製品の投入がすべて市場に受け入れられるわけではないので、フリースやヒートテックのような大ヒット商品の陰には、多くの中ヒット、小ヒットの製品が隠れている（柳井正、2006）。

これらの中ヒット商品や小ヒット商品も、発売当初から全く売れなかったわけではなく、それぞれ一部分の消費者の心を捉える場面はあっただろう。ところが、売上高の伸びが継続せずにある程度のところで止まってしまう。そのあとは、次々に市場に投入される競合他社の製品に消費者の嗜好が移り、急速に売上高が減退する。アパレルの場合はこの売上高減退のスピードが速いので、なかなかリスクをとって増産の注文を出すことができない。もし、リスクをとった増産が裏目に出た場合には、すでに縮小してしまった市場を前に不良在庫が積みあがることになる。シーズン後半に積みあがった不良在庫は、来期まで抱えておくこともできないので、価格を下げて処分することになる。シーズン前半では好調に高い営業利益を稼ぎ出していた商品の需要予測を誤った結果、シーズン後半での在庫処分のためにそれまでに稼いだ営業利益の数十％を吐き出すことになるのである。

ユニクロやしまむら、青山など日本全国に店舗を展開するアパレル企業は、地域ごとに異なる売上高の立ち上がりと減退（これらを本稿では「需要カーブ」と呼ぶことにする）という問題にも直面する。服飾品にはシーズンがあるので、南の福岡と北の札幌では、商品の投入時期や需要カーブが全く異なるだろう。横浜と岐阜の年間平均気温はほぼ同じだが、横浜の店舗の需要カーブと岐阜の店舗の需要カーブは決して同じではない。

このように店舗がそれぞれの立地条件によって異なる需要カーブをもつときに、全国平均の指標を手掛かりに販売計画を立てることは多くの無駄を生む。一方では、地域ごとに異なる売上高の立ち上がり時期に合わせた製品数量を配置できずに、利益獲得機会を逃してしまうかもしれない。他方

では、すでに売上が減少傾向に転じている地域に製品を供給し続け、不良在庫を積み上げ、営業利益を食いつぶす結果になる。1980年代から90年代にかけて、大量購買による仕入原価の低減を狙って本社購買部の主導で物流管理を行うという戦略をとっていた流通企業（たとえば、ダイエーや長崎屋、ニチイなどを挙げることができる）は市場からの支持を失っていった。

ユニクロの店舗スタッフは、本社の指示で送られてくる商品を待つのではなく、製品ごと店舗ごとに異なる売上の変動を把握し、能動的に市場変動に対応する能力を求められる。同社の会長兼社長の柳井正が、「社員全員が経営者」であることを望み、「人材がすべて」と強調する狙いはここにあるといえるだろう（日本経済新聞「ユニクロ 世界への試練 2」、日本経済新聞2013年5月14日）。

むすびにかえて

リーマンショック後の世界経済の混乱を抜け出し、立ち直りを見せている日本企業には、ひとつの共通点がある。人材開発に力を入れ、社員に経営マインドを持たせる努力を続けていることである。本稿で事例として取り上げたユニクロ以外にも、トヨタでは、「トヨタウェイ2001」を策定し、経営理念を共有できる人材育成に重点を置いた経営を進めている。1960年代から京セラが培ってきた「アメーバー経営」が最近になって再評価されている。アメーバー経営が従業員の経営能力の育成を行うことによって、「全社員の経営参加」の実現を目標としていることは、この特集の森田氏の論考や水野氏の論考を読んでいただければ理解できる。

トヨタと京セラは、それぞれの創業地である東海地方、近畿地方で強い影響力をもつとともに、「トヨタウェイ」あるいは「アメーバー経営」を他社にも指導するという活動を積極的に行っている。トヨタと京セラにとどまらない多くの実践例が、人材育成に基づく経営の重要性を実証しているといえる。アメーバー経営の中で、小規模の部門について独自の部門別採算制度が中心的な役割を果たしていることは有名である。また、トヨタグループではJコストと呼ばれる独自のコスト概念を用いて製造現場における改善活動を評価していることが、管理会計研究者から注目されている（田中正知、2009）。ユニクロでは会社独自の会計概念を用いることはないが、低価格戦略をとりながら高い営業利益率を確保するために、会計数値に対する強いコミットメントを従業員に求めている。これらの会社において、従業員の人材育成に会計情報が果たしてきた役割は決して小さくはない。

管理会計は、正しい意思決定を行うための情報の提供と従業員の業績評価のための情報の提供という2つの機能を中心として発展してきた。管理会計のテキストの中で、従業員をどのような人材に育てるべきかという議論が展開されたことはかつてなかった。その結果、自らの業務の範囲内だけで評価を求める従業員を多数作り出してきたのかもしれない。人材育成に果たす管理会計の役割を改めて捉えなおし、現代企業が必要とする人材を育てるために社内で用いられる会計情報を設計しなおすことが求められている。

<参考文献>

田中正知、2009、『トヨタ式カイゼンの会計学』中経出版。

ダートウゾス他著、依田直也訳、1990、『Made in America：アメリカ再生のための米日産業比較』草思社。

Ohlson, J. A., 1995, "Earnings, Book Values, and Dividends in Equity Valuation," Contemporary Accounting Research, Vol.11 No.2, pp.661-687.

Stewart, G. B., III, 1991, The Quest for Value : The EVATM Management Guide, Harper Collins Pub., 河田剛他訳、1998『ＥＶＡ創造の経営』東洋経済新報社。

柳井正、2006、『一勝九敗』新潮社。

日本経済新聞、2013、「ユニクロ 世界への試練 1～5」、『日本経済新聞』2013年5月13日～17日。

小倉 昇(おぐら のぼる)

滋賀県生まれ。
1981年神戸大学大学院経営学研究科博士課程修了。
大分大学経済学部、東北大学経済学部、筑波大学大学院ビジネス科学研究科教授を経て、2011年4月より現職。
公認会計士試験委員(2003年～2007年)。
日本管理会計学会副会長(2008年～2010年)。
青山学院大学大学院会計プロフェッション研究科長(2013年～)

特集 Ⅱ

人本主義企業をめざす管理会計

関西大学商学部 教授・経済政治研究所 所長

水野 一郎

今日の日本企業は大きな転換期に来ている。「株主主権の強制と営利主義の暴走」によって日本的経営の良質な部分が破壊されてきている。とくに価値創造の源泉である人的資源の浪費は将来深刻な事態を招く可能性がある。「人件費はコストではない」のである。今こそ日本的経営の健全で良質な経営精神と企業システムの復興が重要であり、その基盤は経営共同体を志向する人本主義企業と付加価値管理会計の確立にある。

はじめに―「経営を支える大切なものが失われてしまった」―

総務省が2013年7月12日に発表した2012年就業構造基本調査によると、非正規労働者の総数（推計）は2,042万人となり、初めて2千万人を超え、雇用者全体に占める割合も38.2%で過去最高を更新し、過去20年間では16.5ポイント増加し、雇用環境の厳しさがあらためて示された。安易なリストラと人員削減によって正規社員を減少させ、他方でいわゆる「ブラック企業」の増加により価値創造の源泉である「ヒト」が使い捨てられ、壊れていく。そしてそのコストは社会に転嫁され、年金も支払えず「生活保護予備軍」が増加しつつある。なぜこのような社会に日本はなってきたのであろうか？

加護野忠男教授は、近著の冒頭で「最近の日本企業を見ていると、経営を支える大切なものが失われてしまったように思えてならない」（加護野2010、1頁）と述べておられるが、筆者もかねてより同様な感想を持っており、「この大切なもの」とは日本的経営の健全で良質な経営の精神であり、企業システムである。今こそこれらを復興させ、継承すべきではないかと思っている。日本的経営についてはいろいろな定義や説明がなされるが、一言でいえば、伊丹敬之教授が提唱されてきている「人本主義企業」にあるといえるだろう。

こうした日本的経営を象徴し、体現してきた代表的な経営者として我々はパナソニックの創業者である松下幸之助氏と京セラの創業者である稲盛和夫氏をあげることができる。お二人の年齢差は40歳近くとなっており、経営者としては一世代異なっているが、経営思想と経営スタイルは類似点も多く、松下幸之助氏の経営思想を継承発展させたものが稲盛和夫氏の経営フィロソフィとアメーバ経営ではないかと考えられる。

したがって本稿ではまず日本的経営とは何だったかを理論的に振り返りながら、松下・稲盛両氏の経営思想や経営スタイルを考察する。そして継承すべき日本的経営の核心である人本主義の意義と内容を明らかにし、その人本主義企業を支援し、確立させる管理会計を構想してみたい。

Ⅱ 日本的経営とは何だったのか

1. 三種の神器

　日本的経営といえばアベグレン（Abegglen, J.C.）の『日本の経営』(1958)が嚆矢となって1960年代、1970年代に盛んに論じられるようになってきた。アベグレンの『日本の経営から何をまなぶか』(1974)をはじめ、津田眞澂教授と岩田龍子教授などが多くの著書を公刊され、日本的経営論がブームとなっていった。日本的経営の特徴としてアベグレンが指摘した諸点（①終身雇用、②年功序列、③企業別組合）は周知のように三種の神器と呼ばれ、人口に膾炙されるほどになったのであるが、高橋伸夫教授によれば、その評価は何度か変わってきたようである（高橋2010、第2章）。また加護野教授によればアベグレンの概念で最も重要でしかも最も誤解されているのが終身雇用の概念だそうである。終身雇用に対応する元の言葉はライフタイム・コミットメントであり、これを最初の翻訳者である占部都美教授が終身雇用と意訳され、この翻訳の概念が一人歩きするようになり、再び英語に訳されるときにでも、ライフタイム・エンプロイメントと訳されるようになったそうである。コミットメントは、訳語として約束、義務、献身、関わり合い、肩入れ、愛着、盟約、忠誠、連帯感などがあり、日本語にしにくい英語であるが、加護野教授は「アベグレン氏が言いたかったのは、たんに雇用関係が長いという目に見える特徴ではなく、働く人々と職場共同体との間に生涯にわたる強い連帯感があるという、人々の内面にある特徴であった。この人々の気持ちを表現しようと思えば、職場共同体観あるいは生涯にわたる連帯感と訳すべきだったろう」（加護野2010、163頁）と述べている。

2. ライフタイム・コミットメントの意義

　アベグレン氏のライフタイム・コミットメントという概念を大切にし、終身雇用ではなく、職場共同体観あるいは生涯にわたる連帯感という概念で日本的経営を考究してみると日本的経営を深く、広く把握することができる。加護野教授が指摘しているように、日本企業は従業員や経営者のコミットメントを高めるための多くの仕掛けを持っていた。例えば、年功給や生活給を含む雇用保障であり、従業員に対する福利厚生と働きやすい職場作りである。また人事・労務制度だけではなく、ガバナンスの制度も従業員のコミットメントを引き出すように運用されていた。一つは従業員からの経営者の選抜である。日本企業は従業員主権だと言われるが、従業員主権は選抜権であるよりも被選抜権であったというべきかもしれない。二つ目は企業の厚い内部留保である。内部留保を積みますことによって、会社の安定性を高め、企業は従業員に会社は皆のものだというメッセージを送っていたのである。

　しかし90年代のバブルの崩壊後の不況期から日本の産業を立ち直らせるために「株主主権の強制と営利主義の暴走」が始まり、「株主栄えて企業が滅ぶ」（加護野2010、131頁）という方向で物事が進み、結果としてリストラによる人員削減だけではなく、株主重視ということで従業員のコミットメントを減らし、日本的経営の貴重な資産を毀損してきたのである。ライフタイム・コミットメントは、日本企業の健全な発展にとって重要な意義をもっていたのであり、まさに「見えざる資産」（加護野2010、167頁）として機能していたのである。成果主義を痛烈に批判されてきた高橋伸夫教授もまた「終身コミットメントがもたらす本当の帰結というのも『これから先の未来の付き合いの長さ』を考えれば、組織内での協調行動が生まれ、それはま

さに共に繁栄する共存共栄の道を歩み始めるということだったのである」（高橋2010、220頁）と述べている。ライフタイム・コミットメントは日本企業の競争優位を確保する人的資産を軸とする無形資産と理解することが必要であり、今こそこれを日本企業に取り戻す賢明さが求められているのである。

III 松下幸之助・稲盛和夫両氏の経営思想

　松下幸之助氏（1894年生まれ）と稲盛和夫氏（1932年生まれ）は、40歳近くの年の差、および戦前・戦中にすでに経営者として大手企業にまで発展させていた松下幸之助氏と戦後の1960年代から活躍される稲盛和夫氏とでは社会環境や事業分野において大きな違いがあるものの、その経営思想や人間観、経営スタイルについては似ているところが多く、前述してきた日本的経営の代表者として位置づけることができる経営者である。ここでは両氏の類似する共通点を整理してみよう。

　まず第1に両氏はともに創業者であり、関西をベースにした零細な事業を世界的な企業にまで発展させた経営者である。このことが背景にあって両氏ともきわめてカリスマ性が強く、独自の経営思想を広げるためにたくさんの著書を刊行され、その多くがベストセラーになっている。松下氏は戦後PHPを創立し、発言や講演を丁寧に記録し、残されており、稲盛氏もまた経営研究所を開設し、中堅中小企業の経営者を中心に研究会（盛和塾）を組織し、自らの経営理念や経営哲学の普及に努力されているのである。

　第2は、両氏は共に経営理念の確立を重視し、企業目的として利益の獲得を一義的な目標としていないことである。かつてヘンリー・フォードが「低価格と高賃金の原理」を提唱し、企業を「奉仕の機関」と捉えたように、逆説的ではあるが世界的な企業に発展させ、高収益企業へと成長させた一流の経営者は、企業目的を利益最大化にはおいていないのである。一流のコンサルタントであり経営学者であったドラッカーも企業の目的を利益追求ではなく「顧客の創造」にあることを強調していた。もちろん彼らは利益が企業の存続と発展に必要不可欠であることを理解したうえで、利益の追求についてはその正当化を熟慮し、慎重に語っているのである。松下幸之助氏はその著書『実践経営哲学』の中で「利益は報酬」であって適正な利益は「企業自体だけではなく、社会全体、国民全体の福祉の向上のためにも必要不可欠のものである」ということを丁寧に説明している。なおこの『実践経営哲学』は松下幸之助が自らの経営思想や哲学を20項目で体系的に表現した名著であり、パナソニックの元副社長川上徹也氏によれば、この20項目は「山下跳び」で有名な3代目社長の山下俊彦社長が誕生したときに松下幸之助氏が「これで経営をやってくれ」と手渡された要綱だといわれている（川上2012、176頁）。

　パナソニックでは、経営目的を綱領（産業人たるの本分に徹し、社会生活の改善と向上を図り、世界文化の進展に寄与せんこと期す）で端的に示し、それを実現するための心構えを信条（向上発展は各員の和親協力を得るに非ざれば得難し、各員至誠を旨とし一致団結社務に服すること）であらわし、その具体的な行動指針を遵奉すべき7精神（産業報国、公明正大、和親一致、力闘向上、礼節謙譲、順応同化、感謝報恩）で提示したのである。京セラでは経営の目的を社是（「敬天愛人」：常に公明正大、謙虚な心で仕事にあたり、天を敬い、人を愛し、仕事を愛し、会社を愛し、国を愛する心）および経営理念（全従業員の物心両面の幸福を追求すると同時に、人類、社会の進歩発展に貢献するこ

と）であらわしており、行動指針としては稲盛経営12ヶ条にまとめられている。松下・稲盛両氏ともこれらの経営理念についてはいろいろな著書で解説し、また社内では毎朝あるいは毎週の朝礼で唱和し、確認されてきた。

　第3は、両氏とも会社を単なる機能集団ではなく、従業員を重視し、ヒトを育てる経営共同体を目指していたことである。「モノづくりの前にヒトづくり」、「事業は人なり」というのは幸之助語録として有名であるが、松下幸之助氏は『実践経営哲学』の「人をつくること」の項目で経営理念に基づく人材育成の必要性と事業部制がその重要な役割を担っていることを説明している。労使一体、家族主義経営を進めるために松下の全授業員が参加する「歩一会」という組織も1920年には結成している。また今や伝説になっているのが1927年の世界恐慌の際に従業員を一人も解雇しないで経営危機を乗り越えたことである。京セラも経営理念に全従業員の物心両面の幸福を掲げているだけではなく、稲盛和夫氏は「もし、会社が、ひとつの大家族であるかのような運命共同体となり、経営者と従業員が家族のごとくお互いに理解し、励まし合い、助け合うならば、労使一体となり会社経営ができるはずである」（稲盛 2006、53頁）と述べ、労使対立を氷解させる「大家族主義」を理想としている。

　なお稲盛和夫氏は最近の日本の家電メーカーの現状について『日経ビジネス』編集長インタビューにおいて次のように語り、警鐘を鳴らしている（2013年1月14日号94頁）。

・「イージーな経営がすべてをダメにしたと思っています。景気のいい時は派遣社員を使い、悪くなったら辞めさせる。いつからか、こういうイージーな経営をするようになってしまった。欧米流の人材派遣を日本も導入してきましたが、その結果、忠誠心の高い従業員の心がすさんでしまった。正社員で残った人も、自主性を認めてもらえず、腐っていった。そして結局、全体がダメになった。」

・「社員が幸せでなければ、社会の公器としての役目を果たせるわけがない。どんな目標も、社員が幸せでなければ達成できません。」

・「全社員の力を借りようと思うなら、会社の経営目的を従業員の幸せに置くことです。」

IV 人本主義企業

1. 人本主義企業とは何か

　このように日本的経営や松下・稲盛両氏の経営思想をみてきたが、その根幹に貫かれている経営理念や目標は、従業員重視、経営共同体すなわち人本主義企業を目指していたと考えられる。日本的経営の核心を人本主義と特徴付け、「四半世紀近く、人本主義こそ日本企業の経営の本質と主張し続けて」（伊丹 2009、5頁）こられたのが伊丹敬之教授なのである。伊丹教授は、「人本主義とは、資本主義に対照する意味での私の造語である」と指摘したうえで[1]、「人本主義はヒトが経済活動のもっとも本源的かつ稀少な資源であることを強調し、その資源の提供者たちのネットワークのあり方に、企業システムの編成のあり方の基本を求めようとする考え方である」（伊丹 2002、42～43頁）と述べている。そして資本主義企業と人本主義企業を対比した次のような**表1**を示している。

表1　人本主義と資本主義

	人本主義企業	資本主義企業
(1)企業の概念	従業員主権	株主主権
(2)シェアリングの概念	分散シェアリング	一元的シェアリング
(3)市場の概念	組織的市場	自由市場

（出所：伊丹 2002、50頁）

ここでは詳細な説明は差し控えるが、従業員の概念には経営者と労働者の両方を含めていることに注意をしておきたい。そして伊丹教授はでこの表について「完全に具現化している企業があるとも思わない。この表の人本主義企業は、あくまで一つの理念型であり、資本主義企業はもう一つの理念型である。ともに実際には存在しないが、現実の企業がその間に分布する、観測定点のような二つの理念型なのである」と述べたうえで、多くの日本企業が「人本主義企業」に近く、多くのアメリカ企業が「資本主義企業」に近く、「あえて2極化して言えば、人本主義企業が日本型、資本主義企業がアメリカ型ということになろう」(伊丹2002、59頁)と主張されているのである。この人本主義と資本主義の対比はなかなか興味深いものであり、中村・大坪体制の下での大規模なリストラによる人員削減によってパナソニックは資本主義企業に少し近づき、京セラはまだまだ人本主義企業に近いということになるのだろう。

2．伊那食品工業

ところで近年、多くのテレビ(「カンブリア宮殿」2012年8月24日放送など)や雑誌などで注目されている企業が「かんてんぱぱ」で有名な伊那食品工業である(以下、同社ホームページ参照)。同社は1958年に設立され、資本金9,680万円、年商174億円、従業員433名の中堅企業であるが、日本的経営の基本的精神を継承した、パナソニック、京セラ以上に人本主義的な特徴を備え、実践している企業である。同社は社是として「いい会社をつくりましょう〜たくましくそしてやさしく〜」を掲げ、いい会社の説明の中で「目先の数字的な効率を最優先させて、大切な事を忘れてしまってはいけないと思います。 福利厚生費を抑える、社宅を廃止する、社員旅行を中止する、懇親会も中止する

というようでは、会社が正しい方向には向かないような気がしています」と述べている。また同社の基本的な考え方として江戸時代末期の有名な篤農家で実践的な思想家であった二宮尊徳翁の「遠きをはかるものは富み、近きをはかるものは貧す」、「道徳なき経済は犯罪であり、経済なき道徳は寝言である」という思想を大切にしている。そして企業目的として「企業は本来、会社を構成する人々の幸せの増大のためにあるべきです。私たちは、社員が精神的にも物質的にも、より一層の幸せを感じるような会社をつくると同時に、永続することにより環境整備・雇用・納税・メセナなど、様々な分野でも社会に貢献したいと思います」と決意を表明している。

さらに同社は「会社はみんなの幸せのためにあるものです。経営者も社員も『労使』ではなく、同じ理念、同じ方向を目指す『同志』ではないでしょうか」と労使の一体化を目指し、経営共同体を志向しているのである。また同社がユニークなのは、この時代にあえて年功序列と終身雇用を謳っており、「年功序列型こそ、末広がりの自然体経営の姿だと思う。―――中略――― 年齢とともに賃金が上がっていく年功序列型は、長期的な視点で見れば、日本を健全に永続させていくために欠かせないものだと考えています」と述べていることであり、実践していることである。

人本主義企業を支える管理会計 ―付加価値管理会計―

1．人本主義のオーバーランとその予防策

伊丹教授は人本主義を提唱した十数年後、「人本主義という言葉が誤解されやすい概念でもある」と指摘したうえで、「人本主義のオーバーラン」について警鐘を鳴らしている。すなわち「人本主義企業とは、たんに『人に優しい企業』のことではない」の

あり、「企業は、いかに人本主義といえども、経済組織体」であり、「慈善事業ではない」のである。「人本主義が変化への壁になっているかに見える現状、人本主義が経営のゆるみを生み出したと思われ兼ねないような現状が、たしかにあるのである。必要な改革をついためらわせるような制度・慣行をこれまでの人本主義経営が築き上げてきたからであろう。だがそれは、制度・慣行の慣性・硬直化の問題であって、人本主義の原理そのものの問題ではない」(伊丹2009、124～125頁)のである。

こうした人本主義のオーバーランの危険性はあるものの、伊丹教授は「人本主義を捨てるという選択はすべきではないだろう」と述べ、人本主義のオーバーランの予防策は、「経済合理性、管理会計システム、個性」というキーワードにあるとしている。とりわけ「情報システムの要になるのは管理会計のシステム」であり、「もともとカネとヒトのネットワークの二重がさねをしている人本主義は、ヒトとカネの両方の情報をきちんと共有する必要がある、情報負荷の高い経営の仕方なのである。そこで必要なカネの情報についてのシステムづくりがおろそかにされると、ヒトのしがらみばかりが全面に出てしまう。だから管理会計システムがことさらに重要なのである」(伊丹2009、478～479頁)と人本主義における管理会計の意義と役割を高く評価している。

しかし人本主義企業のための管理会計と資本主義企業のための管理会計がまったく同じものではないはずである。人本主義企業の特質を生かし、それを支え、発展させるための管理会計を開発し、充実させる必要がある。筆者はその原型は、生産性向上運動と共に発展してきた付加価値会計に求めることができると考えている。周知のように付加価値とは、売上高から前給付(外部購入の財・サービス)を控除することによって得られる経営成果であって、それは当該企業が創出した価値であると同時に従業員を含む利害関係者への分配の原資となるものである。この付加価値概念を中心とした企業会計が付加価値会計と呼ばれるものであり、付加価値計算書の作成と公表を中心的課題とする財務会計的側面と高付加価値経営あるいは価値創造経営をめざす管理会計的側面を有している。付加価値会計の最大の特徴は、人件費を単なる原価・費用とはみなさずに付加価値から分配される労働成果と考えられており、労使が一体となりうる経営共同体理念を有しているところにある。

伊丹教授もEVAとの関わりで「経常付加価値こそ企業の生み出すもの」(伊丹2009、148頁)として付加価値概念の重要性を指摘している。この「経常付加価値」は「企業が経常的に生み出している価値、という意味」とされ、「経常付加価値＝EVA＋人件費＋自己資本コスト」の計算式を示し、そして「この経常付加価値を生み出すために企業の内部者はヒトとカネを投入している、と企業活動を概念化することができる。ヒトという投入は、人数という把握の仕方もできるし、人件費総額、という把握をしてもよい。どちらにせよ、企業としてどのくらいの大きさの人的投入をしたかの指標である。そして自己資本が、企業の内部者が投入する資金の総量を表す指標となっている。つまり、企業という経済組織体を、そうした内部投入を使って『経常付加価値』という価値を生み出している存在と考えれば、その結果生み出されている経常付加価値という指標は、企業への内部投入としての従業員と株主の間で分配すべき経済的な原資の大きさを示しているのである」(伊丹2009、149～150頁)と述べ、事実上、付加価値管理会計に繋がる説明をされているのである。

2．京セラアメーバ経営は付加価値管理会計の一形態

近年付加価値計算書はＣＳＲ報告の中のＣＳＲ会計として作成されることも多くなっているが、ロナルド・ドーアもまた付加価値計算書を「ステークホルダー企業にふさわしい意識を経営者に植え付ける方法として」その作成を提案している（ドーア 2006、225 頁）。また、付加価値会計の管理会計的側面を付加価値管理会計と呼ぶことができるが、その一つの実践的な形態として京セラアメーバ経営とそこにおける 時間あたり採算制度をあげることができる。京セラアメーバ経営が付加価値管理会計であるとみなされる理由としては次の四つの点があげられる。①付加価値管理会計は経営共同体理念と深く結びついた管理会計であるが、京セラアメーバ経営とその時間当たり採算制度も経営理念として従業員重視、家族主義（経営共同体理念）を掲げていること。②人件費を単なる費用として処理するのではなく、分配の原資たる付加価値を算出し、業績評価の重要な指標として位置づけていること。③時間当たり付加価値を算出し、生産性の向上をより意識的に目標としていること。④『差引売上比率』（付加価値／売上高つまり付加価値率のこと：筆者注）を重視していることである。稲盛氏は「現場の指標に『時間』という概念を持ち込むことによって、従業員ひとりひとりに時間の大切さを自覚させ、仕事の生産性を向上させている。このことが、自部門の採算を向上させるだけにとどまらず、会社全体の生産性を高め、市場競争力を強化している」（稲盛 2006、151～152 頁）のであり、「未来にわたって従業員の雇用を守っていくという観点から考えると、『時間当り』を高めるだけではなく、『差引売上比率』（付加価値率）も高めていかなければならないことを、リーダーは肝に銘じておく必要がある」（稲盛 2006、233 頁）と述べているのである。

Ⅵ　むすびに代えて

今日の日本企業は大きな転換期に来ている。「株主主権の強制と営利主義の暴走」によって日本的経営の良質な部分が破壊されてきている。とくに価値創造の源泉である人的資源の浪費は将来深刻な事態を招く可能性がある。今こそ日本的経営の健全で良質な経営精神と企業システムの復興が重要であり、「モノづくりの前にヒトづくり」という松下幸之助氏の経営哲学、稲盛和夫氏のアメーバ経営、伊那食品工業会長の塚越寛氏の経営思想を研究し、実践していく必要があるだろう。

ここでいま少し塚越寛氏の主張に耳を傾けてみたい。「人件費ははたして、ほかの諸科目と同じような『費用』なのでしょうか。疑問です。人件費は、幸せを求めて働く社員たちの労働への対価であり、この支払いは企業活動の目的そのものです。当社では、『ファミリー』としての意識から、人件費の総額が多いことはいいことであると思っております。削減の対象とすべき『費用』ではないという考え方です。―――中略―――　企業は社会の公器です。雇用機会をつくりだすことに誇りを感じる経営者が増えてこそ、世の中は良くなっていくのではないでしょうか。ただし、会社の経営状態から人件費の適正規模を判断することは当然です。常識を越えてまで、高額な人件費を認めるつもりもありません。」（塚越 2012、52～53 頁）。また「日本型年功制」の復権を提唱する高橋教授も「必要なことは人件費にコスト意識をもつことではない。十年後、二十年後の未来を考えた人材への投資こそが、今、求められているのである」（高橋 2010、123 頁）と述べている。

ここまで明確に主張される方は多くはないが、人本主義企業の核心は経営共同体志向と「人件費はコストではない」ということであり、人本主義企業

をめざす管理会計はこの立場から構築される必要がある。付加価値管理会計はその基盤の一つとなるものである。

【注】
1) この「人本主義という概念は、「人本」（人間本位）や「以人為本」（人を以て基本と為す）と共に近年、中国でもよく用いられてきている。会計領域でも「人力資源会計」（人的資産会計）の研究者が中心となって「人本主義会計」、「人本会計」が重要なキーワードとなってきている。中国の人的資産会計論の有力な論者である復旦大学の張文賢教授は、2001年に「会計学革命─物本主義から人本主義への飛躍」（張・邵、2001）という論文において、現在の世界各国の経済発展は、資本競争から人的資源競争に転換しており、現代的なハイテク企業の資産構造の中で人的資産が物的資産、財務的資産を凌駕し始めており、企業の最も重要な価値が知的資産にあり、伝統的な物本主義会計では経済管理の発展に適応することができなくなっていることを指摘し、人本主義会計への飛躍を展望していた。胡錦濤前政権の「和諧社会」政策と「科学的発展観」思想も背景となって、これ以降人本主義関係の論文や著書も増加してきた。「労働者持分会計」や「三次元会計」の提唱（これについては水野1998、2002参照）で著名な中国海洋大学の徐国君教授は「物本会計から人本会計へ」（徐、2004）、「物権会計から人権会計へ」（徐、2007）、「科学的人本会計観を論じる」（徐・王、2008）などを公表し、2012年には王海兵教授による『人本財務研究』（王2012）という著書も公刊され、人本主義会計の意義と重要性が論じられてきている。人本主義企業をめざす管理会計を研究する際には中国のこうした研究動向と成果の考察も重要である。

＜参考文献＞

稲盛和夫（2006）『アメーバ経営─ひとりひとりの社員が主役─』日本経済新聞出版社

稲盛和夫（2013）「編集長インタビュー　説き、訓じて心を１つに」『日経ビジネス』2013年１月14日号82-85頁

伊丹敬之（2002）『人本主義企業：変わる経営　変わらぬ原理』日本経済新聞出版社（単行本初版は1987年筑摩書房より刊行）

伊丹敬之（2009）『デジタル人本主義への道：経営の未来を見誤るな』日本経済新聞出版社（単行本初版は2000年刊行）

加護野忠男（2010）『経営の精神─我々が捨ててしまったのは何か─』生産性出版

川上徹也（2012）『女房役の心得─松下幸之助流お金の「教科書」─』日本経済新聞出版社

高橋伸夫（2010）『虚妄の成果主義─日本型年功制復活のススメ─』ちくま文庫（単行本初版は日経BP社から刊行）

塚越寛（2012）『新訂いい会社をつくりましょう』文屋

松下幸之助（2001）『実践経営哲学』PHP文庫

水野一郎（1990）『現代企業の管理会計─付加価値管理会計序説─』白桃書房

水野一郎（1998）「中国における労働者持分会計の可能性と展望」『関西大学商学論集』第43巻第4号335-359頁。

水野一郎（2002）「労働者持分会計から三次元会計へ」『會計』第162巻第4号77-90頁

水野一郎（2003）「付加価値会計の現代的展開─EVAとスループット会計に即して─」『産業と経済』（奈良産業大学）第18巻第1号11-24頁

水野一郎（2008）「付加価値管理会計の展開─京セラアメーバ経営を中心として─」『會計』第173巻第2号84-94頁

ロナルド・ドーア（2006）『誰のための会社にするか』岩波新書

王海兵（2012）『人本財務研究』立信会計出版社

徐国君（2004）「従物本会計倒人本会計」『会計之友』2004年第10期4-7頁

徐国君（2007）「従物権会計倒人権会計」『中国海洋大学学報（社会科学版）』2007年第4期44-47頁。

徐国君・王海兵（2008）「論科学的人本会計観」『会計之友』2008年第8期上11-13頁。

張文賢・邵強進（2001）「会計学革命─従物本主義倒人本主義的飛躍」『復旦学報（社会科学版）』2001年2期82-87頁

水野 一郎（みずのいちろう）

1953年大阪に生まれる。大阪市立大学経済学部卒業後、関西大学大学院商学研究科、大阪市立大学大学院経営学研究科、鹿児島大学法文学部講師・助教授、佐賀大学経済学部助教授・教授を経て、1998年より関西大学商学部教授、2010年より関西大学経済政治研究所所長。学会では日本管理会計学会副会長、日本原価計算研究学会理事、日本財務管理学会理事、日本会計研究学会評議員。2006年より中国合肥工業大学管理学院客座教授。2012年より公認会計士試験委員。

特集 Ⅱ

アメーバ経営と経営改革～部門別採算制度の導入～

KCCSマネジメントコンサルティング株式会社 代表取締役会長

森田 直行

不透明で変化の激しい経営環境に打ち克っていくためには、企業にとって何が重要となるのだろうか？経営トップや一部の幹部だけが利益を考えるのではなく、全社員一人ひとりが日々の仕事の中で利益を考え、全社員が一体となって取り組むことの出来る経営の仕組みが強い経営基盤を作る。

京セラグループの50年以上にわたる高収益を支え、また、JALの再生を実現した部門別採算制度（アメーバ経営）のエッセンスについてお伝えすることで、今後の企業運営の参考にしていただければと思います。

Ⅰ はじめに

アベノミクスなどの影響で円安・株高に向かったかと思えば、諸外国の施策や統計数字の結果などにより、円や株も乱高下するというような不透明な経営環境となっています。また、昨年からの日中関係の悪化や新興国への展開をめぐる海外企業との競争の激化など、企業を取り巻く環境は厳しい状況が続いており、企業はますますグローバル化への対応を図らねばなりません。こうした経営環境の中、企業にとって何が求められるのでしょうか？何か新しい事業に挑戦することも必要でしょうが、しかし、私はその前に現在行っている事業を利益率の高い事業に変革し、経営基盤を強くすることが一番重要なことだと考えています。

そのためには、全社員が経営に参画する組織変革、例えばスポーツで言えば、団体スポーツ競技で常にトップを競うような強い組織となるように、組織の変革を行うことが重要だと思います。もう一つは、リーダーの育成、即ち、現場の組織の中心となる課長・係長のリーダーシップの強化を図ることだと思います。

京セラグループは50年以上に亘って、この課題に取り組んできました。その間、第1次・第2次オイルショック、すさまじい円高、バブルの崩壊、リーマンショックなど、様々な荒波を越えて、常に利益を出しつづけ成長発展してきました。現在も、その強さは変わっていません。それを支えているのは、徹底した「部門別採算による全社員の経営参加」と「現場力の強化」です。

Ⅱ 日本企業の課題

最近、「日本企業の凋落」などという見出しで、特に大手家電メーカーの状況が様々に報道されています。改めて日本企業の抱える課題について考えてみますと、日本企業の不振に関する原因と課題の1つ目は、「世界市場における製品・価格政策の失敗」です。TVをはじめ、多くの製品がデジタル化されたことにより、日本企業が得意とする高精度で、軽く、薄く、小さく、堅牢な製品を作るといった「すりあわせ技術」での優位性が低下した

と言われています。そのため、アジアの企業に追いつかれ、追い越されるという状況になっています。

また日本では、携帯電話など高付加価値化などの国内市場に特化した製品計画により、製品開発を行ってきました。その結果、製品が「ガラパゴス化」し日本企業が世界で戦えない状況となっているのではないでしょうか？さらに円高と韓国のウォン安で30～40％と価格差が発生し、国際競争力が低下しました。それでも、売上確保のために大量に生産し安値販売を行ったことで利益率が低下したのです。

このような経営環境で日本企業は、「組織も社員も変革を起こす」ということが最大の課題ではないかと考えています。「利益責任を負う部門やリーダーが明確になっていない」、さらに「全社員を経営参加させるシステム」が確立できていない。つまり「利益管理が可能な組織となっていない」のではないかと思います。このことが2つ目の課題です。

そして3つ目の課題は「グローバル経営の失敗」です。これには、いろいろな見方があると思いますが、中国展開では、少なくとも欧米に比べ、日本企業は「生産拠点」という見方をしていたために、「市場」としての中国販売の着手に遅れ、さらに連結経営の体制も不十分であると指摘されています。

Ⅲ 京セラグループの業績推移

この表は、京セラの2006年3月期から2012年3月期までの業績推移を表しています。

この期間の家電大手各社の売上を調べると、多くの企業がリーマンショック以後、売上を落としてきました。2011年3月期には地デジ特需もあり、一時的に業績が持ち直しましたが、その後、国際競争力の低下により減少傾向が続いています。

同様にこの期間の家電大手各社の税引前利益率の推移を調べてみますと、さらに厳しい状況となっています。2009年3月期以降は利益が安定せず、赤字決算の年も多くなっています。また、黒字決算の場合でもほとんどが3％に満たない低い率で推移しています。日本を代表する大企業が、長年、利益がほとんど出せない、または赤字の状況が続いていながら、適切な対策も打てずにいることが、日本企業において「利益管理ができていない」と言われる証明ではないかと考えています。

京セラについていうと、利益率は他社と比較して常に高い結果が出ています。これは、社員の経営参加の差だと私は考えています。即ち「現場力が強い」ということです。

Ⅳ 部門別採算制度がなぜ必要か

私は、京セラの稲盛名誉会長に同行し、2010年2月から日本航空（JAL）の再建に携わりました。このことについては後程説明しますが、JAL再建の成功要因の大きなひとつが、部門別採算制度「アメーバ経営」の導入にあります。

私は、特に従業員が1,000人以上もおられる大企業においての「経営とは何か」を問われれば、それは「利益を出し続ける経済活動」であると思います。企業で働く人は、その企業が長期に亘って

京セラグループの業績推移
(単位：億円)

		2006年3月	2007年3月	2008年3月	2009年3月	2010年3月	2011年3月	2012年3月	2013年3月
京セラ	売上	11,735	12,839	12,904	11,286	10,738	12,669	11,909	12,801
	税引前利益	1,172	1,565	1,748	560	608	1,723	1,149	1,014
	税前利益率	10.0%	12.2%	13.5%	5.0%	5.7%	13.6%	9.6%	7.9%

成長し、自分もその中で成長でき、安定した生活を営むことができるかどうかが選択の基準となっています。そのことを考えると、今年だけ儲かれば良いという短期的な考えではなく、長期に亘って従業員の生活を守る責任があるはずです。だからこそ、企業の経営責任を担うリーダーの役割は、自分が預かっている部門を成長発展させ、長期的に利益を出し続けることであると考えています。そのような観点から見た場合に、現在のような大変なスピードで変化していく社会・企業環境で、大企業が持っている、これまでの経営システムで生き残っていくことが可能なのか、と考えざるを得ません。

現在の企業における「利益」への取組みは、どうなっているでしょうか？

通常、日本企業の経営では、営業部門での目標は「売上拡大」とされることが多く、利益はなかなか意識されない仕組みとなっています。営業部門にとっての価格は「市場価格」であり、受注を獲得し売上を拡大するためには市場価格に合わせざるを得ない状況となります。その結果、「利益は二の次」となるわけです。大手家電メーカーにおいても、家電の販売が大手量販店中心となり、メーカー側で価格のコントロールが出来なくなったことも、営業利益を落としている理由の一つと言われています。そういう意味では、営業部門が会社全体の利益に責任を持つことは出来ないわけです。

製造部門では、目標は「原価低減」になっています。そして、利益は予定原価に対し「いくらで作ったか」という、その差が意識されます。しかし、この予定原価も過去の原価計算の結果と低減目標、さらにある時点の市場価格によって決められていますので、液晶TVが数ヶ月で30％下落したといわれる程の激しい競争の中では、目標の意味を失っていた可能性があります。製造部門では、自分たちの製造した製品が、最終的にいくらで販売されたかは解りませんので、製造部門もやはり利益に責任を持つことが出来ないのです。

予算制度では、各部門の目標は、今申し上げたような「営業部門の売上拡大」と「製造部門の予定原価達成」になると想定できます。したがって、利益について把握出来るのは、製造・営業の両方の成果を数字としてまとめる事業本部長とそのスタッフになります。もし社長から「利益が減少しているので、すぐ対策を打つように」と指示が出た場合、事業本部長は、誰に、どのような指示をすれば良いでしょうか？営業は他社と同等の価格で販売をしているとすれば、利益の減少は原価が高いせいだと言い、製造は予定原価より低減を図っていれば、営業の安売りが原因と言う。つまり、誰かがそれぞれに具体的な目標を与え直さなければなりませんが、期中に年度目標の見直しをすることは容易ではないと思います。

京セラでの部門別採算制度（アメーバ経営）では、営業部・製造部・開発部が利益管理の対象となります。したがって、部門別採算制度では、営業は売上と利益、製造も生産額と利益を追求することが可能となります。事業本部長は、「利益の減少」という状況に対し、各部門の利益を確認し、素早く手を打つことができます。本部長・部長はもちろん、課長・係長まで、リーダー全員が利益責任を担う体制が出来ており、リアルタイムに日々の仕事の進捗と利益の状況が見えていますので、日々全員が利益を意識して行動することで素早い対応を可能にしています。これが先程述べました京セラグループの現場力の強さなのです。

部門別採算制度で、直接事業に関わって売上・利益に関係している組織が、それぞれの仕事を通して、どのような成果が挙がっているかを「ガラス張り」で見えてくれば、経営方針や経営判断、課題

の解決や問題点に対する議論が活発に行われ、活動も変化してくるのです。このような、部門別採算制度を各企業の事業において、うまく取り入れることができれば、経営者・本部長はもちろん、部長・課長、さらに係長までが、自部門の改革や改善に積極的に取り組むことが可能となります。

Ⅴ 「アメーバ経営」とは

それでは、「アメーバ経営」とはどういうものかについて、簡単に説明したいと思います。「アメーバ経営」を考案した京セラ稲盛名誉会長の言葉をここに示します。

「会社経営とは一部の経営トップのみで行うのではなく、全社員が関わりを持って行うものだとの考えに基づき、会社の組織を出来るだけ細かく分割し、それぞれの組織の仕事の成果を分かりやすく示すことで全社員の経営参加を促す経営管理システムである。」

特に、「経営は全社員が関わりを持って行うものだ」という考えが、アメーバ経営の原点でもあります。「アメーバ経営」には、3つのポイントがあります。

1つ目は、非常に小さな組織（これをアメーバと呼ぶ）に分割することです。大きな組織になるとどこでロスが出ているか分かりにくいので、組織を細かくすることによって、経費など細かく見れるようにすると同時に、メンバー全員が部門の経営に参加できるようになります。そして、その組織のリーダーに経営を任せるのです。

次に、そのアメーバの成果を示さねばなりません。それが2つ目の京セラ独自の「時間当り付加価値」という方式で、それをまとめたものが「時間当り採算表」といい、各部門の月々の仕事の結果を経営数字で示したものです。

3つ目がタイムリーな経営情報です。アメーバのリーダーが経営していくためには様々な情報が必要になります。しかし、小さな組織ではその情報をリーダー自身で集めたり調べたりするには大変な時間が掛ります。ですから、管理部門が経営に必要な様々な情報を細かく整理して、アメーバリーダーに提供していく役割を担います。どのような情報かといえば、今月の計画に対する売上や生産等の進捗、材料の価格、製品の受注内容など、また月額の家賃や償却費・光熱費、また部下の勤務状態などで、リアルタイムに仕事の進捗と利益の状況が掴めるようになっています。さらに、全アメーバの月次の採算表、即ち損益計算書といえる資料をタイムリーに提供します。

Ⅵ 時間当り付加価値／時間当り採算表について

それでは、アメーバ経営における部門別採算制度である「時間当り採算」について簡単に説明します。最も大きな特長は、営業と製造を分けて、部門別に採算管理を行うという点です。

まず営業部門です。売上は営業部門にとって最も重要視される数字です。しかし、売上高がすべて営業部門の収入ではありません。例えば、商品を仕入れて販売をすると考えれば、売上から仕入価格を差し引いた数字、即ち粗利が出ますが、それが、営業が稼いだお金となります。そこから、この営業部門が5人であれば、5人の人たちが毎月使った経費を引きます。経費の中には、通信費、旅費交通費、事務所の家賃、電気代、などは全部入っています。そして、差し引いた残り（儲けたお金）を差引金額（但し人件費は経費として入れていないため付加価値額となります）といい、差引金額を営業部門5人の総稼働時間で割ります。そうすると1時間当りの付加価値が出ます。これを「時間当り」といいます。要するに、稼いだお金、

使ったお金、残ったお金、それを働いた時間で割る、というシンプルな形式です。5人でも10人でも、その組織の総稼働時間で割りますから、1時間当りの付加価値は人数が多くても少なくても、全てのアメーバにとって共通の指標となるのです。

　一方、製造部門やサービス提供部門では、それぞれのアメーバでいくらの生産を行ったかという金額を計算します。それを「総生産金額」という形で表します。総生産から使った材料代や設備の償却などを含めた経費（但しこの場合も人件費は除きます）、つまり原価といわれる経費、管理部門の分担経費も含めた全ての経費を部門ごとに負担します。これら1ヶ月にかかった経費を差し引いて、残ったお金＝差引金額を、この製造部門の総労働時間で割ったものが時間当り付加価値となります。このように製造も営業も1時間当りの付加価値（「時間当り」）を出す仕組みになります。

　こうした物差しがあると、組織が大きかろうと小さかろうと目標を決めるのは簡単です。例えば、社長が今年度、会社合計の目標とする「時間当り」をいえば、それが会社の目標になるので、各部門では自分たちがその目標をやれるのか、やれないのか、もしやれないとしたら、どういう時点でどういうことをして、その目標を達成するのかということを、アメーバの構成員全員が考え、様々な手を打って、目標達成を目指して努力していくということができます。

　アメーバごとの「時間当り」を表す管理指標を「時間当り採算表」といいます。「時間当り採算表」は経費についても、経理の勘定科目ではなく、管理会計用の科目で表現し、わかりやすい形式にしています。財務会計で出される損益計算書というのは簿記や会計の専門知識が必要になりますが、しかしシンプルな「時間当り採算表」は家計簿のような様式で各アメーバの損益を明確にするので、

会計が解らなくてもアメーバリーダーになれるし、経営のリーダーとして仕事が出来るようになります。もちろん、この計算ができたら儲かるかというものではありません。この計算で自分たちの実力を知って創意工夫して、この「時間当り」を上げていくというのが仕事です。

　なお、全社共通の経営資料はこの「時間当り採算表」ですが、経営幹部向けには、この指標にさらに人件費を別途経費として加えてアメーバごとの税引前利益を示した「部門別損益計算書」を作成し、経営資料として使用しています。

Ⅶ　財務会計と管理会計の連携

　また、「管理会計」であるアメーバ経営と「財務会計」の関係は、売上・経費・（及び人件費を算入した際の）税引前利益について、一致するように作っています。アメーバ経営では、例えば、製造部門の末端の組織である各々のアメーバの採算表を合計すると製造課の数字となり、更に合算していくと製造部、そして本部、会社合計の月次の採算表となります。

　この会社合計の月次採算表に人件費を加えた部門別損益計算書と財務諸表の月次損益計算書は売上と税引前利益は一致する仕組みとしています（即ち「時間当り採算表」＋「人件費」（＝部門別損益計算書）≒財務諸表の月次損益計算書）。

　これにより、経営トップも事業本部長も、また、アメーバリーダーまで、この管理会計を中心にして経営を行っていくことが出来ます。即ちトップにとって最も重要な利益は、そのままアメーバリーダーにとっても最も大切な目標になるのです。ですから、社内で行われる会議（幹部会議や各組織階層の会議）も「時間当り採算表」を中心に行います。これらの会議とこの経営資料を通じて、経営トッ

プから現場までが情報を共有していきます。特筆すべきことは、全ての階層で統一の利益管理指標を中心に経営に関する打合せが行われていることです。

Ⅷ アメーバ経営で可能になること

アメーバ経営で実現できる第一のことは、まず、現場で采配を振るリーダーが常に利益を意識できるので、受注の増減や受注単価の低下などの様々な環境の変化に対応しながら、リーダーが中心となりメンバーを巻き込んで、全員で利益が向上するよう頑張ってくれることです。このことが最も重要な点だと思います。そのポイントは、次の5点です。

1．全員参加の経営の実現

一つは、「全員参加の経営の実現」です。例えば5人のチームですと、1人は20％の影響があるわけです。そういうことを皆が分かっていると「おれぐらい、いいじゃないか」ということではなくて、「おれも何かやらなきゃいけない」と思ってくれるのです。それはその人にとってもハッピーでしょう。日々行う仕事に自分が貢献できるということは、人間としては素晴らしいことです。その集団に貢献できないということは寂しいことです。そういう点で、全員参加の経営が実現しやすいのです。社員一人ひとりの一日一日の積み重ねが1ヶ月、1年となって、それが10年、20年となるのです。そういうことをやっている会社とやっていない会社というのは、1年もたつと雲泥の差がつくのです。

2．採算で貢献度を測り、目標意識を持たせる

次に、「採算で貢献度を測り、目標意識を持たせる」。要するに、「あなたの部門は、今月は素晴らしい成績を上げました」「今月はだめでしたね」と言われるのと、良かったとも悪かったとも何もなくて1ヶ月が過ぎていく会社はどうでしょうか。自分のアメーバの成果が示されると、その結果を見て次はどうするのかを考えます。赤字の結果がでると、上司に言われる前に、これではまずい、何とかしなければという気持ちが湧いてきます。そこに創意工夫が生まれるのです。良い成果がでれば、今月も同じように良い成果で終わろうと考えます。上司から言われなくても、アメーバの全員がリーダーを中心にして考えるのです。

3．よく見える経営の実現

三つ目は、「よく見える経営の実現」です。トップマネジメントから見て、隅々まで採算が見えますから会社の中身がよく見えます。会社というのは年に1回決算をします。決算に表れている数字は全部お金であり、お金で会社の状況を見ているのです。お金の価値観ですべてのものが見れるということは、非常に会社を見やすいわけです。しかも、それがアメーバごとに1ヶ月単位で見えるわけですから、会社全体として隅々までそしてタイムリーによく見えるのです。

4．トップダウンとボトムアップの調和

次は、「トップダウンとボトムアップの調和」です。今日のように大変難しい経営環境の中では、トップダウン経営、やはり経営者が自らこうすると決めていくと同時に末端の組織が「こうしたい」と自分の意見を上げていくことが重要です。それらが調和した会社、両方とも生きている会社というのは強いのです。トップダウンだけ、ボトムアップだけで運営されている会社は今の時代は弱いのです。意思決定も非常に遅れます。アメーバ経営の場合には、特にボトムアップがしやすいといえます。自分たちで自分たちの仕事の目標を決める

ようになっていますから、自分たちの意見を出せるのです。

5．リーダーの育成

最後は、「リーダーの育成」です。アメーバリーダーは現場、即ち仕事の最前線のリーダーであります。そのようなリーダーは、日本では一般的に係長とか、グループリーダーなどといわれている若いリーダーです。その若いリーダーに最前線、即ち現場の仕事の采配を振るわせ、利益を出していく役割を担って貰っています。これはリーダー育成には、最も適したポジションであると考えています。このポジションで見事な采配を振るって、事業を伸ばしていく人が、次に課長・部長と昇進していくことになります。つまり若い時から経営者と同じ課題を担って様々な経験をし、優れたリーダー即ち経営者を育てていく仕組みであります。

Ⅸ　JALにおける部門別採算制度の導入

日本航空（JAL）の再建において、部門別採算「アメーバ経営」がどのように活用され、どのような効果を発揮したかについて述べたいと思います。

京セラの稲盛名誉会長は2009年末に、政府と企業再生支援機構からJALの再建についての強い要請を受け、引き受けられることを決断されました。稲盛名誉会長は引き受けると決めたものの、JALの再建について自信や勝算があったわけではなく、むしろ全く無かったと言って良いくらいであったと語っておられました。

2010年2月にJALに着任されましたが、多くの課題を抱え倒産した企業に、また航空運輸業の経験もない稲盛名誉会長は、着任前に「自分が引き受けるのであれば、自分が今日までやってきた経営は、フィロソフィによる幹部と全社員の意識改革とアメーバ経営であり、これしかない」と、当初より話されていました。

1．予算をベースにした業績報告会の開催

実際にJALに行ってみると経営に必要な数字（月次の決算や日々の売上・採算）がタイムリーに見えませんでした。また、どの部署が利益責任を担っているかが明確でありませんでした。

JAL全体は、予算制度で経営されていましたので、売上の予算は販売部門と貨物部門で作られ、経費予算は全ての部門で作られていました。しかし、全体の数字をまとめて利益を算出している部門が利益責任を持っているわけではありませんでした。

各本部では予算制度に基づき月次計画は精細につくられていましたので、まず、月次決算書を正確に作ってもらい、それを使って経費削減を目的とした業績報告会をスタートしました。業績報告会では、各本部長に、各部門の勘定科目ごとに、更生計画で定められた年度計画と実績の差を毎月詳しく説明することを求めました。

業績報告会では各本部長の発表に対し、稲盛名誉会長から色々な質問や指導が行われるのです。そうすると皆、職場に戻ってから数字の中身とその要因などを一生懸命に把握し対策を打つようになりました。こうして、皆が経費の削減に取り組むようになったのです。すると経費削減の効果は日を追って、月を追って出ました。各本部長は組織の末端まで詳しく調べて手を打つようになり、現場の状況をつかんだ報告がなされるようになりました。そして、それまでは「いかに予算通りに実行するか」でしたが、これが「いかに経費を削減し利益を残すか」という内容が議論される会議に変化しました。

2. 部門別採算制度のフレームワークの決定

次に、本格的な部門別採算制度を導入するためのフレームワークを構想しました。そのため、「利益の責任をどの部門が負うのが良いのか」を考え、飛行機を飛ばす責任を担う路線統括本部を新設し、その部門と従来からの旅客販売統括本部と貨物郵便事業本部を、利益責任を持つ本部にしました。

同時に実際に飛行機を飛ばしサービスを提供する、運航部門、客室部門、空港部門、整備部門といった事業支援部門は、提供するサービスに見合う対価（協力対価）を路線統括本部から受け取る仕組みとし、その対価を（社内）収入として自部門で使う経費とで採算を管理する方法としました。そして、路線統括本部は旅客売上を収入とし、旅客機にかかるサービスの対価を事業支援部門に支払いながらも、その中で利益を上げる役割と責任を持つ組織としました。

3. 部門別採算制度の本格的な取り組み

2011年4月から本格的な部門別採算への取り組みをスタートしました。部門別採算システムを構築し、路線統括本部・旅客販売統括本部・貨物郵便事業本部、及び運航部門、客室部門、空港部門、整備部門といった事業支援部門が収支責任部門となり、多くの利益責任部門が報告する業績報告会が開かれるようになりました。多くの部門と多くの人が利益について真剣に考え創意工夫して路線利益を上げ始めたのです。

現在、関連会社への部門別採算導入に取り組んでいます。当初は、社内に利益を見ている人がいないと思われたJALという巨大企業において、現在は何百人、いや何千人という社員が、「利益」を高めるために、自部門の収支改善に取り組んでいます。その結果、路線の削減や直接関係のない事業の切離しにより、売上高はピーク時からほぼ半減したのですが、利益は素晴らしい高収益を実現されています。

X 最後に

企業永続の要諦は、「全員参加の経営の実現」と「リーダーの育成」であると改めて思います。この2つが、当初は不可能だろうと言われたJALの再建を果たす原動力にもなりました。

20世紀の最高の経営者と称されたG.E.の元会長のジャック・ウェルチ氏は、企業において、「全ての一人ひとりが意味を持つ。全ての人が関与しなければならない」と語っています。つまり、全員参加の経営が重要であると言っているわけです。その実現のためには、これら2つの要諦を実現する経営管理システムを構築することが必要なのです。

京セラグループで培われてきた「アメーバ経営」は、経営手法という領域をはるかに超えた「人を中心とした経営のしくみ」であり、この2つの要諦「全員参加の経営の実現」と「リーダーの育成」が「アメーバ経営」の真髄であると考えております。

この2つの要諦は、どんな分野においても、どんな業態であっても、さらにどこの国においても共通であり、企業の事業発展に大きく貢献するものと確信しております。

森田 直行（もりた なおゆき）

1967年　京都セラミック（現京セラ）株式会社入社
1987年　取締役　経営管理本部副本部長
1989年　常務取締役　総務本部長
1995年　京セラ株式会社　代表取締役専務
　　　　兼　京セラコミュニケーションシステム株式会社　代表取締役社長
2006年　京セラ株式会社　代表取締役副会長
　　　　兼　KCCSマネジメントコンサルティング株式会社　代表取締役社長
2010年　株式会社日本航空インターナショナル　会長補佐
2010年　日本航空株式会社　副社長執行役員
2012年　日本航空株式会社　特別顧問
を経て、現在、京セラコミュニケーションシステム株式会社　相談役
　　　　KCCSマネジメントコンサルティング株式会社　代表取締役会長
　　　　KCCSモバイルエンジニアリング株式会社　代表取締役会長

特集 II

乱気流経済下の業績評価システムの役割

出光興産株式会社 執行役員経営企画部長
博士（経営学）

丹生谷 晋

　乱気流経済下に求められる業績評価システムは、事業戦略に多大な影響を与える環境変化、言い換えれば事業上の機会・脅威に関する情報を逸早く経営管理者に伝達し、現行計画の妥当性の検証、さらには計画の見直しを促進する機能が求められている。その成否を握るのはグループ本社であり、数字と論理に基づく仮説と現場での検証を通じて感度を磨き、ピンポイントかつ高品質な情報を探索し業績評価システムに組み込んでいく必要がある。

I はじめに

　筆者の勤務先は石油会社の経営企画部門である。当社の主力製品は、原油価格の変動に大きく影響を受ける。原油価格は、経済活動に伴う需要変化、地政学的リスク、シェールガス等他エネルギー、投機マネー等々様々な要因が複雑に絡み合って変動する。当社としては、これらのボラティリティは不可避なものと認識しつつ、少しでもその影響を軽減すべく様々な方策を講じている。例えば、ダウンストリームの石油・石油化学を中心とする事業群への過度な依存を避けるべく、アップストリームの石油・ガス等の資源事業に進出し、同時に石油・ガスのみならず石炭・ウラン・地熱等保有する資源の多様性の確保に努めている。また、当社独自の技術をベースにした潤滑油、電子材料、機能化学品、アグリバイオからなる高機能材事業群をもう一つの事業の柱に据え、バランスのとれたポートフォリオの形成を目指している。結果的にグループ内に多様な事業群を抱えるに至っている。

　社長をはじめとするボードメンバーを補佐する立場にある経営企画部門としては、グループの多様な事業群の経営状況をタイムリーかつ的確に把握しつつ、「成長しうる事業分野への重点的投資配分」、「リスクは高いが収益の見込める新規分野の発掘と投資」、「撤退・再構築すべき事業の見極め」等を通じ、ポートフォリオの組み替えを行い、グループの持続的成長の基盤を構築していく責務を担っている。実際には、我々経営企画部だけでなく、経理・財務、法務、人事等コーポレート各部門と連携して業務を遂行している。以下、コーポレート機能を総称してグループ本社と表現していくことにする。

　企業グループ内に多様な事業群を抱える場合、マネジメント方法として大きく2つのやり方がある。1つは、各事業部門（ここでは社内組織である事業部・事業本部、カンパニー等と別法人格を有する事業子会社を同列に扱い、以下 Business Unit の頭文字をとって「BU」という）のオートノミーに委ね、経営成績の結果のみを求めるというやり方である。言うなれば金は出すが口は出さない、その代わり結果責任は厳しく問うというものである。この場合グループ本社は、EVA®やROAといっ

た総合的な財務業績評価指標（以下「財務指標」という）が目標どおり進捗しているかどうかをウォッチし、成績が悪ければ当該BUへの資源配分を減らすか、責任者を交代させるなどの措置を取ればよい。

　もう１つのやり方は、各BUが何をやるか、どうやるかということについてグループ本社が関与する、言うなれば金も出すが口も出すというもので、当社は基本的に後者の方法を採用している。主として口を出すのは中期経営計画や年度基本計画を策定する段階の経営層によるヒヤリング時で、各BUがどのような戦略を実施していこうとしているのかを確認し、BUと徹底的に討議する。その代わり計画として承認したものはBUの責任者に任せることで、実行のスピードを担保している。しかし、計画時点で想定した各要素や前提条件は刻々と変化しており、計画していた案件を見直した方がよい場合もしばしば出てくる。当然のことながら、計画していたルートが無理と判断したら即座に別のルートを見つけ着実に経営目標を達成できるようにしていかなければならない。それゆえ、当社が業績評価システムに求める機能は、各BUの事後的な経営成績を把握すること以上に、環境変化の予兆・シグナルを逸早くキャッチし、それを経営管理者へ迅速に伝達することにある。これによって資源配分見直しに繋げていくまでのインターバルを短縮することが可能になる。しかし、言うは易し行うは難しで、これまで様々なアプローチを試みながら今尚満足のゆく業績評価システムを構築できているとは言えない。こうした問題意識から、統一テーマである乱気流経済下の業績評価について企業実務の立場から思うところを述べてみたい。なお、文中の意見に亘る部分は筆者の私見であることを予めお断りしておく。

II 今の経営環境の変化は昔より激しくかつ速いのか

　いつの時代もビジネスの世界には競争があり、変化がある。各企業は日々業界内のライバル企業の動向に目を光らせ、新製品の投入や価格戦略等への対応に遅れを取らないよう努めている。一方、業界内のライバルだけに目を奪われていると新規参入者に足元をすくわれかねない。C・クリステンセン教授が1997年に著した『イノベーションのジレンマ：技術革新が巨大企業を滅ぼすとき』は、大企業が既存の商品より劣るが新たな特色を持つ商品を売り出し始めた新興企業に大きく遅れを取ってしまう理由を示した経営理論であり、これに該当する事例は枚挙にいとまがない。他方、リーマンショックや欧州金融危機に見られるように今や一国の経済危機は、地理的・時間的な距離の概念を超えて瞬く間に世界中に伝播するようになっている。企業実務を担う者にとって不連続かつ予測不能な環境変化に戸惑うばかりである。まさに現代は乱気流（タービュラント）の時代だと言えよう。

　しかし、ここで冷静に考えなければならないのは、果たしてこれらが最近になって顕著になった動きなのかどうかだ。少し前まで、ドッグイヤーやラットイヤーという言葉をよく耳にした。前者は犬の成長が人間の７倍のスピードであることから、今の１年が昔の７年と同じくらいの速さを意味する言葉である。一方、後者はねずみの成長スピードを指し、今の１年が昔の14年に匹敵することを意味する。いずれも産業構造の変化に伴う時代のスピード象徴した言葉であり、最近では蜂の成長スピードに例えたビーイヤーという言葉もあるらしい。こうした言葉が流行する度に、現在の経営環境は昔よりも速くなっていると誰しもが思い込んでしまう。

『ヤバい経営学：世界のビジネスで行われている不都合な真実』の著者F・ヴァーミューレン准教授は、著名なビジネス誌が軒並み「今日のビジネスは、以前より不確実性が高く、激しい変化にさらされている」という論調の記事を掲載していることに対し、それを示す十分な証拠があるのかという疑問を投げかけている。曰く、現在のビジネス環境は、コンピュータやインターネットが世界中に広まったときよりも、ベルリンの壁が崩壊したときよりも、電気が発明されたときよりも激しく変化しているのかどうか素直に認められないというのだ。同著に紹介されているG・マクナマラ教授らの2003年に発表された研究内容は以下のとおりだ。様々な業種からピックアップした5,700社について1970年代後半まで遡って過去20年以上、業績の安定性、市場の安定性、業界構造の変化、経営資源の供給量等を調査したところ、いくつかの業界で大きな変化が起きていたが、現在の方が過去よりも変動が特段激しいというわけではなかった。その上で「今日の経営者が直面している市場が、昔よりも変化が激しいという事実はない。競争優位性を獲得したり維持したりすることが、過去に比べて難しくなったわけではない」と結論づけた。確かに、環境変化としてとらえるべき要素は、従前より資源・原料価格の変動、為替・金利の変動、市場の需要変化、消費者の嗜好変化、技術革新、ライバル企業の行動、新規参入者の登場等多岐にわたっている。過去においても現在においても、いつの時代にあっても先のことを正しく見通すことなどできないだろう。その意味で今日の経営環境の変化は昔より激しくかつ速いとは言い切れない。しかし、そうであっても近年の環境変化のインパクトは大きく、スピードも速くなっているというのが、多くの企業経営者の実感なのではなかろうか。

筆者は、マクナマラ教授らの実証研究結果と経営者の実感の違いは、測定された気温と人が肌で感じる体感温度との差異のようなものではないかと考えている。体感温度は、気温、湿度、気流・風速、熱放射等の環境条件と、活動レベル（代謝量）と着衣量からなる人体条件、場合によっては健康状態、性別、年齢などの要素によって影響を受ける。同じ気温でも、これらの各種要素がいくつにも重なり合うことにより、温度の感じ方が変わってくる。現在の企業はグループが抱えるBUの事業領域や展開エリアが広範かつ複雑になっており、企業経営者は、環境条件以外の要素によって環境変化の幅と速度を体感温度として実感するようになったのではないか。こうした中で、経営者が業績評価システムに求める機能も変化してきていると思われる。

III 乱気流経済下において業績評価システムに求められる機能

　これまで何気なく業績評価、あるいは業績評価システムという用語を使ってきたが、ここで改めて業績評価とは何かについて確認しておこう。一般に業績評価とは、各組織や組織成員が、事前に設定された業績目標と期中・期末に測定された実績と目標を比較・検討する機能を指す。業績目標は歴史的に財務指標が中心であったが、財務指標は過去の業績を示すだけで将来の業績を予測できない、総合的業績を示しているために問題の原因を明らかにしない等の欠点が指摘され、1980年代以降注目を集めたのが顧客、品質、業務プロセス等に関する非財務業績評価指標（以下「非財務指標」という）である。今日では多くの企業が財務指標、非財務指標の双方を活用している。

　さて、こうして目標と実績を比較・検討した結果を何に使うかと言えば、伝統的管理会計の考え

方によれば大きく２つある。第一に、グループ本社から見て投資対象となるＢＵの成果を評価し、経営資源の再配分に繋げる。第二に、ＢＵの長の成功を測定し、報酬・処遇に反映させる。いずれも評価の主体はグループ本社（あるいは社長をはじめとするボードメンバー）だが、前者の場合の被評価者はＢＵ、後者はＢＵ長という違いがある。ただし、両者ともある期間業績が出た結果を次期以降の改善に結び付けようという事後対応的な考え方に基づいている。

しかしながら、乱気流経済下にあっては、このような後追い的な対応では時機を逸する可能性がある。仮に嵐が到来しつつあるとすれば、当初描いていた航海計画を見直さなければ、結果的に遭難し挙げ句の果てに多くの犠牲を払うことになりかねない。今日業績評価及び同システムに求められているのは、当初描いていた航路や気象条件等と現実に起こっていることとの間の僅かな差異や兆しを逸早くキャッチし、その情報を経営管理者に迅速に伝達することにより、現場に現在の運航計画の妥当性を検証させ、場合によって計画の見直しを促していく機能なのではないだろうか。

Ⅳ 財務指標と非財務指標活用の現状

業績評価システムが嵐の到来を逸早く察知する高度なレーダーのようなものだとして、次に膨大な情報・データの中から、いかにして嵐の到来を告げるピンポイントかつ高品質な情報を逃さぬことなく業績評価システムに組み込んでいくかが問題になる。

前述のとおり、業績評価システムでは大きく財務指標、非財務指標の２つが扱われている。まず非財務指標から確認しておこう。財務指標は客観性や測定の容易さ等の利点に加え、企業の最重要目標の一つである利益と強い関連性があるため最も重要な指標であることは間違いない。一方で財務指標は、過去の短期的な業績結果を示したもので、これに基づいて単純に将来の業績を予測することはできない。言い換えれば、これらの総合的業績指標はどのような要素がどのように絡み合ってこの業績を導き出したのかという理由を教えてくれない。また、短期的な財務業績は、押し込み販売による売上増、経費の繰延べ等を通して経営管理者による操作が可能である。競争環境が激化する中、各企業は弛まずコスト削減に取り組んでいるが、コスト削減には筋が良いものとそうでないものがある。例えば、設備が老朽化している中で一時凌ぎでかけるべき保全費をカットするというのは後者の典型だ。近年化学プラントの大型事故が増加傾向にあるが、その原因は世界的な競争激化などによる過剰な合理化と無縁ではないと言われている。また、事業の優位性が研究開発力によって保たれている企業において急激な研究開発費の削減は将来に大きなダメージを与えるかも知れない。非財務指標に寄せられた期待は、第一に財務業績の先行指標として、将来の財務業績の変動に対する影響力を持つこと、第二に経営管理者の近視眼的な行動を抑制し、戦略課題の達成に経営管理者を誘導することにあると指摘されている（安酸他, 2008）。

反面、非財務指標にはいくつかの問題がある。まず、第一に適切な非財務指標の発掘・選定の困難性である。管理会計においては、「測定できないものは管理できない」という言葉に表されているように、業績情報は様々な財務・非財務を通じて伝達されることが想定されている。バランスト・スコアカード（ＢＳＣ）においては重要な戦略目標のすべてにＫＰＩ（Key Performance Indicator）とその目標値が設定されることが前提になっている。

しかし、実務上すべての項目に業績評価指標を設定することは多くの困難を伴う。田中他（2006）によれば、業績評価指標は、①目標整合性の確保に結びつく組織成果への貢献度を測定する総合的効率性の尺度として役立つこと、②行動規範として組織成員の行動選択に対して重要な影響を与えられること、③自律的決定の範囲に注意を喚起することによって目標達成への動機付け機能を期待できること、④組織成員が不公正や不満を感じないように行動科学的配慮のもとで公平であること、⑤定量的尺度であることの5つの要件を満たす必要がある。だが、現実的にこれらのすべての要件を満足させられるような業績評価指標を見出すことは難しい。特にプロダクトライフサイクル上の導入期にあるBUにおいては、事業の重要成功要因が必ずしも明確でなく、戦略目標及びKPIの選択は試行錯誤の中で探索していかざるを得ない。この場合、初期の段階で設定した業績評価指標は組織成果へ貢献するどころか逆行する可能性さえある。次に、仮に適切な業績評価指標を見出すことができたとしても、測定・収集するために莫大なコストがかかるなどいわゆる接近可能性の問題に直面する。

第二に、非財務指標を業績評価の対象に含めた場合、複数の指標をどう扱うかということが問題になる。これは評価する側のグループ本社の能力とも関連する。BSCにおいては基本的に、財務、顧客、内部プロセス、学習と成長という4つの視点から2ダース程度の業績評価指標が設定される。各事業毎に重要成功要因が異なることから、当該BUの業績評価を行う際には各BU共通の指標よりもBU固有の指標の方が、当該BUの評価には適している場合が多い。そのBU固有の指標をグループ本社が理解し適切に評価できるかどうかということである。

少し古いデータで恐縮だが、筆者がかつて所属していた筑波大学大学院ビジネス科学研究科小倉研究室による、東証1部上場製造業を対象とした質問票調査（2008年に実施。分権的組織形態を採用しグループ経営を実践していると考えられる企業の事業部門責任者あるいは事業部門スタッフ3,245通送付。回答は218社307部門で回答率は9.5％）が、日本企業の非財務指標の運用状況を調査しているので紹介しよう。非財務指標については名称も数も多様であると考えられることから、本調査では①顧客・市場に関する指標（顧客満足、市場占有率、顧客維持率など）、②品質に関する指標（不良率、品質クレーム件数など）、③製造・技術開発に関する指標（特許件数、製品開発リードタイムなど）、④製造・生産活動に関する指標（生産高、設備稼働率など）、⑤環境・社会に関する指標（環境格付け、企業イメージなど）、⑥その他に区分し、

図表1　非財務指標の運用状況

	［1］全社・グループ全体で管理	［2］BUがグループ本社へ報告	［3］BU内でのみ管理
①顧客・市場に関する指標	109 35.5％	133 43.3％	109 35.5％
②品質に関する指標	141 45.9％	170 55.4％	94 30.6％
③製品・技術開発に関する指標	145 47.2％	143 46.6％	86 28.0％
④製造・生産活動に関する指標	142 46.3％	139 45.3％	97 31.6％
⑤環境・社会に関する指標	187 60.9％	108 35.2％	47 15.3％
⑥その他	5 1.6％	3 1.0％	6 2.0％

[1]全社・グループ全体で管理されているか、[2]ＢＵがグループ本社へ報告しているか、[3]ＢＵ内でのみ管理しているかを尋ねた。結果は**図表1**のとおりであった。

グループ全体で管理されている指標で最も多いのは環境・社会に関する指標（60.9％）であり、この背景にはＣＳＲ経営の高まりがあると推察される。反面、環境・社会に関する指標をＢＵからグループ本社へ報告しているのは35.2％しかない。品質に関する指標はグループ本社に報告している割合が最も多かった（55.4％）が、これ以外はいずれも過半数に達しなかった。但し、いずれの非財務指標もグループ本社に報告していないＢＵは61件で無回答の9件を除いた総数298件の中の20.5％に過ぎなかった。逆に3種類以上の非財務指標をグループ本社に報告しているＢＵは43.3％に達している。

わが国企業においては特定の種類の非財務指標が重用されているわけではなく、財務指標に混じっていずれか複数の非財務指標が報告に用いられているという状況が伺われる。

実は、この調査結果を見た直後、筆者は我が国における非財務指標の活用度は想定していたよりも低水準だという印象を抱いた。1983年時点で加護野教授らによる日米企業の比較調査で、非財務指標の活用が中長期的視点で経営を行う日本企業の特徴の1つと指摘されており、以来30有余年を経過した今、一段と活用度が高まっているはずだと勝手に思い込んでいたからである。では、非財務指標の利用率が高まらない理由は何なのだろうか。

もう1つ調査結果を紹介しよう。本調査では非財務指標に対する信頼性についても確認している。それぞれの指標毎に「①価値を置き重視している」、「②情報の質に信頼性がある」、「③指標の定義が明確である」、「④経常的に評価に用いている」、「⑤報酬とリンクさせている」について、「1：当てはまらない」「2：どちらかと言えば当てはまらない」「3：どちらとも言えない」「4：どちらかと言えば当てはまる」「5：当てはまる」という5件法リッカートスケールにより評価を求めた。このうち、「4：どちらかと言えば当てはまる」「5：当てはまる」というポジティブな評価の回答の合計を全回答に占める割合で示したのが**図表2**である。

「①価値を置き重視している」という項目では財務指標と品質に関する指標が並んで評価が高かったが、その他の指標も総じて高水準であった。しかしそれ以外の項目では財務指標への評価は高いが、非財務指標は品質に関する指標の「情報の質に信頼性がある」という項目以外は相対的に評価が低

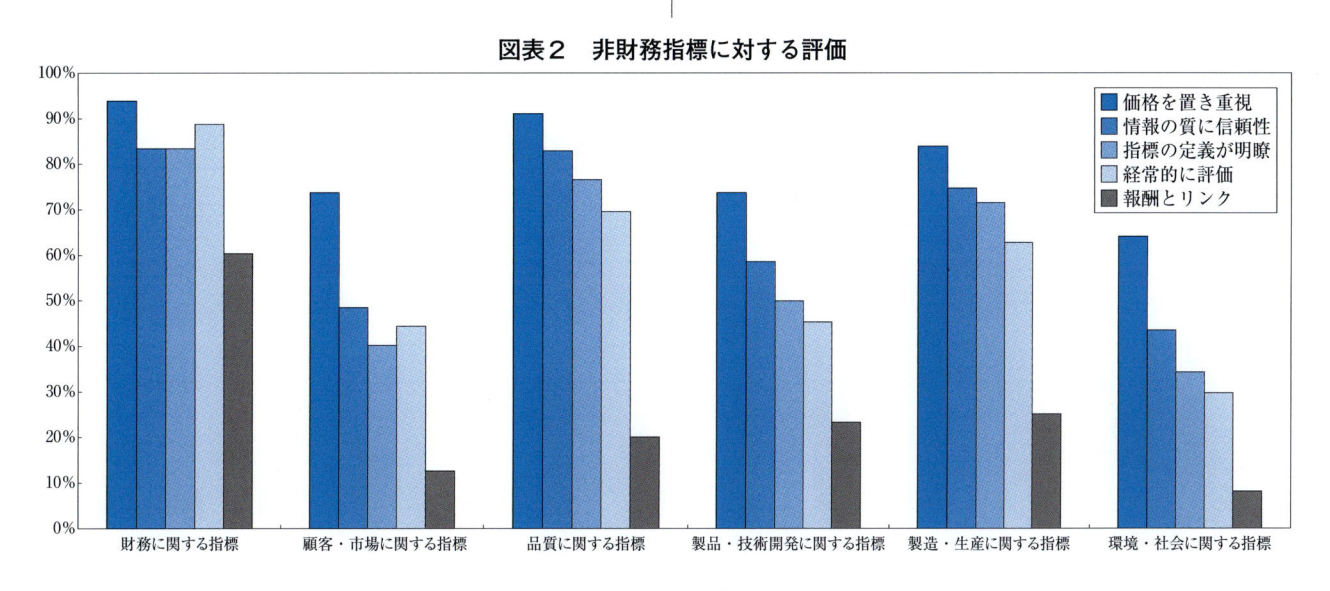

図表2　非財務指標に対する評価

い。また、報酬とのリンクについては各指標とも低水準であった。つまり、非財務指標はその重要性を認められつつも、財務指標に比して情報の質に信頼性がなく、定義が明瞭な指標を見出せず、結果的に経常的に評価に用いることも報酬にリンクさせることも難しいという現状が確認された。

非財務指標には様々な利点があるが、これらの調査結果を見る限り、各企業とも信頼性をはじめとする問題点を十分に克服し切れていないと判断せざるを得ない。

一方の財務指標についてはどうだろう。BUがグループ本社へ報告している財務指標について尋ねたところ、**図表3**のとおりの結果が得られた。

売上高、営業利益、経常利益が上位3位を占める一方、EVA®やROA等資本効率を考慮した指標についてはいずれも予想に反して低水準であった。

また、本調査では、BUのミッション（育成、収穫、維持、撤退等）毎に報告している指標の違いがあるかどうかについても確認したが、統計的に有意な差はなく、等しく売上高、営業利益、経常利益を重視しているということが確認された。

売上高、営業利益、経常利益はいずれも典型的な総合的結果指標であり、これだけを見ても何が原因で業績が変動しているかは判断できない。また、売上高・営業利益・経常利益が大きく変動した時点で環境変化はすでに起こっており、気付いた時には時すでに遅しという事態に陥ってしまっている可能性がある。

これまで、非財務指標、財務指標それぞれの運用状況を見てきたが、我が国企業において、これらが冒頭述べた、嵐の到来を告げる、あるいは戦略の見直しに繋がるピンポイントかつ高品質な情報を提供しているかどうかについては大いに疑問が残る。多くの企業の業績評価システムは依然としてBUやBU長が成果を挙げたか、頑張ったかどうかを事後的に評価することが主目的になっており、乱気流経済時代の業績評価システムに相応しいものになっていないのではなかろうか。

Ⅴ 業績評価システムの成否を握るのはグループ本社

BUの立場からすれば、期中で状況が芳しくない場合であっても、何とか挽回策を講じて目標を達成しようと努力するのは当然のことである。途中の段階で本社からあれこれ言われたのではたまらない、結果が出るまでは思い通りにさせてもらおうという思いが強くなると、本社を徒に不安にさせるような、あるいは誤解を与えるような情報は極力出さないようにしようとするベクトルが働く。

また、以前、BSCを導入している企業の実務

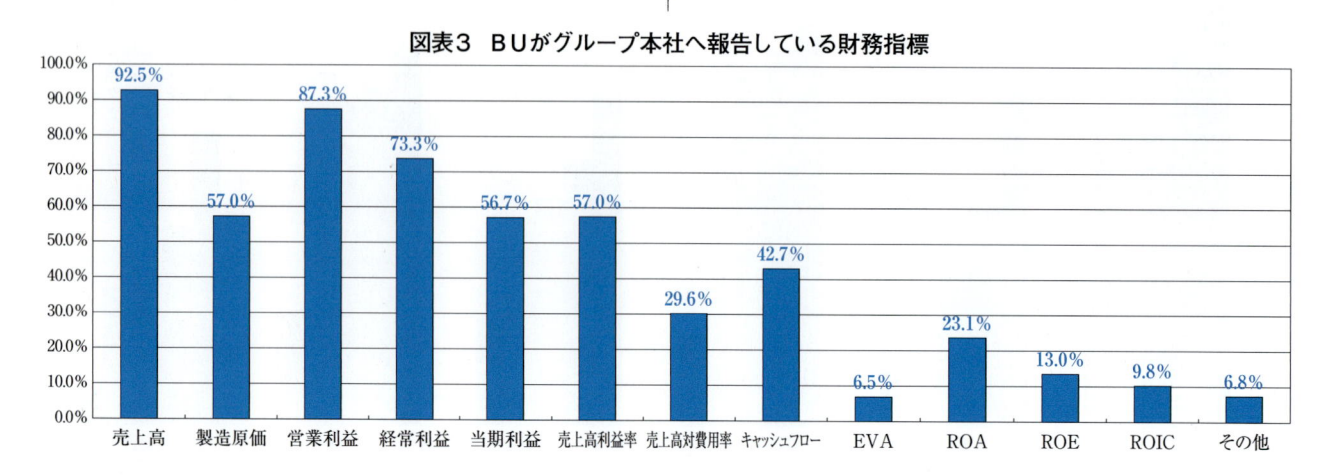

図表3 BUがグループ本社へ報告している財務指標

指標	割合
売上高	92.5%
製造原価	57.0%
営業利益	87.3%
経常利益	73.3%
当期利益	56.7%
売上高利益率	57.0%
売上高対費用率	29.6%
キャッシュフロー	42.7%
EVA	6.5%
ROA	23.1%
ROE	13.0%
ROIC	9.8%
その他	6.8%

担当の方から、将来の財務成果に繋がる重要な非財務指標の選定に当たって、本社は重要な戦略目標の達成度を示す指標を求めたのに対し、部門は測定しやすくかつ達成が容易なものを選定しようとして調整が大変だという話を聞いたことがある。そして当該部門は、顧客、内部プロセス、学習と成長の視点の各指標はほとんどすべて目標を達成しているのに、財務指標は何年も連続して目標を下回っているという。プロセス系の非財務指標と財務指標の因果連鎖がBSCの要諦であり、これが事実とすれば当該部門の非財務指標の選定は適切とは言いづらい。

筆者は、グループ本社（主体）がBU（客体）の業績を評価するという関係性がある限り、多かれ少なかれこうしたコンフリクトは避けられないだろうと考えている。本社とBUの役割が違う以上、どんな方策を講じたとしても両者の溝が完全に埋まることはない。

ここで懸念しなければならないことは、本社とBUが内向きの調整に終始する余り、環境変化の重要なシグナルを見落とし、打つべき手が遅れることである。問題に気付いていながら対応策を取れない企業は問題外としても、問題の所在に気付かなければ対策検討すらできない。本稿が再三指摘しているように、乱気流経済下に求める業績評価システムは、事業部門の戦略に影響を与える変化の兆し（事業上の機会にも脅威にもなりうる）を逸早くキャッチし、経営管理者に伝達する機能を有するものであり、誰かが誰かを評価することを主眼とするものではない。

変化あるいは変化の兆しへの対応を主目的とするなら、グループ本社とBUの役割を明確に定めることによって、かなりの部分、相互のコンフリクトを解消できるはずだ。BUが自力で期中の軌道修正を何とかできるというなら、思い切ってBUに任せてみる。例えば今年は冷夏になりそうだから生産量を調整するといった類の意思決定はBUに任せ、意思決定の結果を適宜報告してもらうようにすればよい。

ただし、BUに任せるのは短中期的な対応に限定することも肝要だ。BUは連続的な変化、悪く言えば現状延長型の変化には十分対応できるが、得てして非連続的・構造的な変化への対応は苦手である。こういった非連続的・構造的な変化に対する備えは、基本的にグループ本社の仕事だと思っている。そのためには、まず第一にBUが所属する業界の事業構造、顧客や競合、事業の重要成功要因と自社の優位性などをきちんと頭に入れた上で、中長期的な将来を見据えた際に鍵となる要因がどのように動くのか、その結果として当社の事業にどういう影響を与えるのかを数字と論理を用いて仮説を立てる。次に現場・現物を自分の目で見て問題の所在や大きさを自分の手で触って仮説を検証する。幾度かこのような作業を経験し感度を磨き上げることによって、業績評価システムにどのような指標を組み込むべきかといった目利きもできるようになるのではないか。その上で、グループ本社はBUから報告を受けるべき情報をBUにきちんと要求すると同時に、BU以外にも多様な情報ソースを確立し、嵐の到来を告げるピンポイントかつ高品質な情報を探索していく必要がある。乱気流経済下の業績評価システムの成否は、偏にグループ本社の対応にかかっていると言っても過言ではない。

<参考文献>

加護野忠男・野中郁次郎・榊原清則・奥村昭博．1983．『日米企業の経営比較』日本経済新聞社．

C・クリステンセン（玉田俊平太監修、伊豆原弓訳）．1997．『イノベーションのジレンマ―技術革新が巨大企業を滅ぼすとき』翔泳社．

F・ヴァーミューレン（本木 隆一郎・山形 佳史訳）．2003．『ヤバい経営学：世界のビジネスで行われている不都合な真実』東洋経済新報社．

丹生谷晋．2009．「分権型組織における業績評価システムに関する実証研究」，管理会計学第17巻第1号：39-56．

丹生谷晋・小倉昇．2009．「わが国企業における業績評価指標活用の実態分析－分権型組織を対象として－」，メルコ管理会計研究第2号：23-37．

丹生谷晋．2011．「グループ本社の役割・機能とマネジメント能力」管理会計学第19巻第1号：17-34．

田中雅康・原田昇・石崎忠司．2006．『最新　業績評価会計―多元・多様な評価の展開』中央経済社．

安酸健二・乙政佐吉・福田直樹．2008．「非財務指標研究の回顧と展望」国民経濟雑誌，198（1）：79-94．

丹生谷 晋（にぶやすすむ）

執行役員　経営企画部長
【最終学歴】
1982年　3月　早稲田大学法学部　卒
2012年　9月　筑波大学ビジネス科学研究科
　　　　　　　博士後期課程　修了
【職　歴】
1982年　4月　出光興産株式会社入社
2008年　7月　出光エンジニアリング常務取締役
2011年　4月　内部監査室長
2013年　4月　執行役員　経営企画部長

特集 II

企業価値創造経営の再評価　経営指標の観点から

株式会社リクルートマネジメントソリューションズ 経営企画部長
本合 暁詩

バブル経済以前の規模拡大経営、バブル崩壊後の効率重視経営を経て、わが国企業は資本コストを考慮した企業価値創造経営に舵を切った。その後、近年の企業価値創造経営は、不確実性が増す中でのリスク対応、内部プロセスの強化、将来的・社会的価値の向上などを指向した多義的なものに進化している。一方で、より洗練された多様な切り口で価値の向上に取り組む企業をどのように評価するのかは今後の課題といえる。

I はじめに

全ての企業内プロセスと仕組みを企業価値の創造に結び付けようという「価値創造経営」または「企業価値経営」が、わが国において注目されてから10数年が経過した。言葉からすれば当たり前の定義である「企業価値創造経営」なるものは、この間どのように進化し、または浸透し、あるいは風化していったのだろうか。

図1は企業価値に関する記事数の推移を表している[1]。2000年代後半にかけて、多少の変動はあるもののほぼ一貫して企業価値に関する記事数は増加していることがわかる。1996年以前は多くても年間20数件だった記事数は1997年に倍増し、1998年から2000年までの間にさらに10倍になっている。その後2004年までは500件前後で推移したが、2005年に倍増し、1,000件を超えた[2]。今世紀に入って、企業価値創造経営は広く浸透したと考えていいだろう。

しかし、その後近年においては（90年代と比べるとレベルの違いは明らかではあるものの）、企業価値に関する議論は沈静化したようにも見える。TOPIX（東証株価指数）の推移を重ねてみると、近年の記事数の減少と株式市場の低迷の時期が一致している。シンプルに解釈すれば、米国のサブプライム問題に端を発したリーマン・ショックと金融危機、東日本大震災とその後の電力不足問題などの影響で、企業価値に対する意識が相対的に薄くなったとも考えられる。我々は既に企業価値に関心をなくしたのだろうか。あるいは、株式市場に復活の兆しがみられる中では、再度企業価値を意識した経営は注目を集めるのだろうか。

本稿では、企業価値創造経営がわが国においてなぜ注目されたのかについて背景を整理し、昨今の環境変化を踏まえた、これからの企業価値創造経営を展望する。特に本稿においては、企業が経営において使用する指標・数値に注目する。企業が測り、意思決定の基準とする指標には、その企業が経営上重要視することが投影されるはずだからである。

次項以下では、わが国の企業経営に関する意識を、指標を切り口に時系列的に解きほぐしていく。

図1：企業価値の記事数の推移

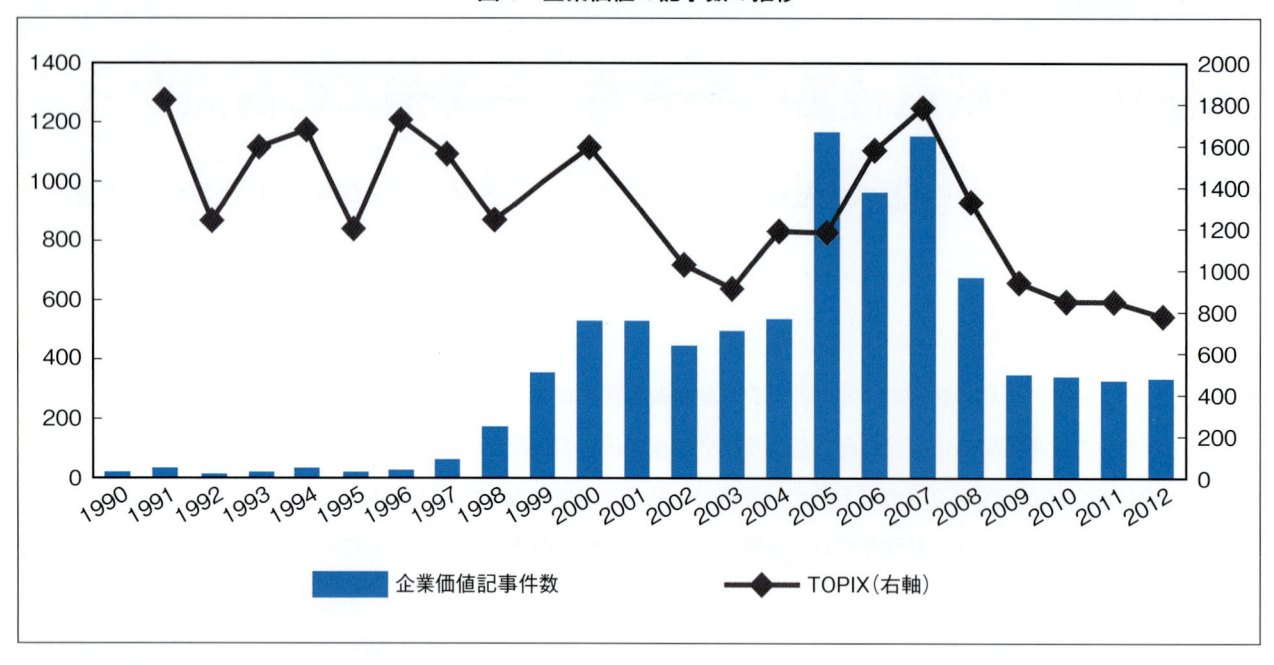

II 高度成長～バブル経済時の規模拡大経営

　まずは、高度成長からバブル経済時までを振り返る。この時期は旺盛な商品需要と消費に支えられ、企業は規模の拡大をめざしていた。そのため、注目される経営指標も「売上高」やそれにつれて伸びていく「営業利益」「経常利益」といったP/L（損益計算書）上の規模を測る指標であった。高度成長下においては、例えばメーカーであれば、製品を作れば作るほど売ることができ、売れば売れるほど利益が増えていく。企業は市場シェアを拡大し、売上を増やすことを第一に考えていればよかったのである。

　これに拍車をかけたのがバブル経済である。金余りのバブル経済においては、必要であれば市場や銀行から容易に資金調達が可能であった。その結果、規模の拡大を重視する一方で、その規模に対してどれだけのお金をつぎ込んでいるのかといった資本の効率性についてはあまり気にされなかった。企業にとって売上高や利益は経営を行ったアウトプットである。これに対するインプットはアウトプットを生み出すことに使われた資本であり、B/S（貸借対照表）に表れるが、これが軽視されていたのである。「売上はすべてを癒す」という当時の大物企業経営者の言葉の通り、P/L重視、B/S軽視の経営が行われていた。

　1970年代の二度の石油ショック後、日本経済は高成長から安定成長時代に入っており、この段階で日本企業は規模の拡大を重視するだけではなく、資本効率も重視し始めるべきだったのであろう。しかし、日本企業はP/L重視の経営を行い、80年代後半のバブル経済による資金余剰が重なった結果、さらに規模の拡大に走った。資金が有限であり希少であるという意識が薄かったこの時代においては、資本効率に意識が向かなかったのは当然のこととともいえるが、過大投資を反省し、効率の重要性に気づくためには、バブルの崩壊を待たねばならなかった。

III バブル崩壊後の効率重視経営

　1990年代の初めにバブル経済が崩壊すると、企

業は事業の再構築（リストラクチャリング）、いわゆるリストラを迫られ、その中で目標とすべき経営指標も変化していった。ここで注目されたのがROA（Return on Asset、総資産利益率、あるいは総資本利益率）やROE（Return on Equity、株主資本利益率）であった。ROA、ROEは、使用する資産や資本に対してどれだけの利益が上がっているのかという効率を示す指標であり、何パーセントという率で表される。利益と資本を両方見ているので、P/LとB/Sを同時に考慮している指標である。

規模の拡大を目指し、P/L重視の経営を行ってきた日本企業が、バブル経済の崩壊に直面する中で、ようやくB/Sにも目を向けたといえる。企業に対する資金供給の急激な縮小に対応するためには、調達した資本をいかに効率的に使用するのかという、B/Sを考慮した指標が必要となったのである。ROA、ROEは90年代においても最も重要な経営指標であると認識されていた[3]。バブル期に行った（土地、金融商品、美術品などへの）非効率な投資を反省していたこの時期の日本企業においては、ROE、ROAの活用は、投資抑制とリストラを行うために間違いなく有効な指標であった。

ROAやROEのように率で表される指標は規模の影響を排除しているため、さまざまな事業を比較したり、効率を高めるために事業を組替える際には有効だ。しかし、率で表される指標ゆえの宿命的な欠点は、度を越えたダウンサイジングや縮小均衡を促してしまう可能性があるということである。

簡単な例を示そう。3つの事業を持つ企業があり、それぞれの事業のROAが30％、20％、10％だとする。この企業が企業全体のROAを高める最も簡単な方法は、ROA30％の事業だけを残し、他の2事業から撤退することだ。規模を無視する率の世界では、企業が拡大していくことをとらえられないため、過度なリストラを促してしまう危険性があるのである。

企業が危機を脱し、再度成長を目指す際には、率ではなく絶対額の指標に基づいた経営が必要になる。90年代末に経営危機に直面した日産自動車は、カルロス・ゴーン社長のもと、率指標である「投下資本利益率（ROIC）」を導入し[4]、2004年度を最終年度とする中期計画「N180」において20％の達成を目指した。しかし、それに続く中期計画「バリューアッププラン」では、これを「維持する」とした。率を最大化しようとすれば、縮小均衡に陥りかねない。成長フェーズに入った日産においては、率の最大化を目指すことは適切ではないという意識があったと考えられる[5]。

Ⅳ 効率と成長を統合した価値指標へ

ROA、ROEは、企業価値の創造に結びついていたわけではなかった。価値を把握するためには絶対額の指標が必要なことに加え、企業が生み出すリターンだけではなく、企業に期待されるリターンとの比較が必要だからである[6]。

日本企業の株式は歴史的にその多くがメインバンクや同系列グループに属する企業によって、株式持合いという形で保有されてきた。このような安定的な株主は、敵対的買収や、株式市場のプレッシャーから企業を守る役割を果たしてきた。しかし、株式持合いの緩和に伴って、純粋に株式投資に対するリターンを求める株主の台頭が顕著となった。2000年代に入ると、外資系投資ファンドによる敵対的買収提案やプロキシー・ファイト（株主提案、委任状争奪戦）など、外国人投資家に代表されるモノ言う株主の存在感は極めて大きくなってきた。

株主を含む資金提供者が求める（期待する）リターンは、企業から見れば調達し使用する資本のコストにあたる。株主資本は、借金・負債とは異なり、強制的な現金の支出が必要なわけではなく、元本の返済の必要もない。そのため、企業の側から見ると、株主資本はリスクが低くコストのかからない資本に見えてしまいがちである。しかし、高いリターンを求める株主とそれによって変化する株式市場は、日本企業に株式を含めた資本のコストを意識させることとなった[7]。

　これまでほとんど意識されていなかった資本コスト[8]の概念を、利益の計算の中に明確に持ち込んだ経営指標がEVA（Economic Value Added、経済付加価値）であった[9]。EVAは、企業が生み出した営業上の利益であるNOPAT（Net Operating Profit After Tax）から、資本費用を差し引くことによって求められる。

　EVA ＝ NOPAT －資本費用

　NOPATは、税引後の営業利益であり、EVAの枠組みでのP/Lの数値にあたる。一方で、資本費用は、企業が事業活動に投下する資本（資産）に、その資本に期待されるリターンである（加重平均）資本コストを掛け合わせたものである。

　資本費用＝投下資本×資本コスト

　投下資本はEVAの枠組みにおけるB/Sである[10]。企業は利益を生み出すために資本を必要とするが、銀行や株主などの資金提供者はただで資本を提供してくれるはずはなく、一定の見返りを求める。この見返り分をコストとして、NOPATから差し引いたものが真の経済的利益、EVAということになる。

　企業は、投資家からの期待リターンに見合った業績を上げなければならない。資本コストの概念を含んだEVAは、資金を調達すれば会計上はどうあれ、必ずコストがかかることを明示している。時価発行増資をしようと、内部留保が増えようと、会計上コストは増加しないが、EVAでは資本費用が増加する。ただで使える資本は存在しないからである。

　EVAもP/L、B/Sの両方を取り入れた指標であるが、一般にP/L、B/Sを統合した指標というと、先に紹介したROAやROEを思い浮かべるだろう。ところで、EVAの計算式は以下のように変形できる。

　EVA ＝ NOPAT －資本費用
　　　 ＝ NOPAT －（投下資本×資本コスト）
　　　 ＝（NOPAT÷投下資本－資本コスト）×投下資本

　NOPAT÷投下資本は、投下資本からどの程度利益が上がっているのかを表すROC（Return on Capital、投下資本利益率）である。ROA、ROEのような利益率指標もEVAには包含されているのである。

　事業に使用される投下資本は通常はプラスなので、EVAのプラス、マイナスを決めるのは、カッコでくくられたROCと資本コストの差であることがわかる。このカッコ内は、企業があげるリターンが投資家からの期待リターンを上回っているのか否かを表す。つまり、企業があげるリターンが投資家から期待されるリターンを上回っていればEVAはプラスであり価値創造、期待リターンを下回っていればEVAはマイナスであり価値破壊ということである。

　EVAは価値創造に直結した指標であり、企業価値創造経営を推進するためにはうってつけの指標と思われた。しかし、最大の欠点は資本コストを取り入れたという優位性の裏返しでもあった。投資家の期待リターンである資本コストは、現金支出を伴わない「機会コスト[11]」である。もともとあまりなじみがなかったことに加え、とらえどころ

のない資本コストなるものを推定し、経営の中に取り込むことを多くの企業は躊躇した。EVAは資本コストをもって価値と指標を結び付けたのであるが、そのことが組織への浸透を阻害したのである。

V 不確実性の中での企業価値創造経営の進化

　企業を取り巻く不確実性が増すにつれ、2000年代には、従来の財務数値に基づく指標とは異なる様々な数値を活用して、企業の価値や業績を捉える手法が導入されていった。これらをひとまとめで語ることは難しいが、以下いくつか例をあげていこう。

1．将来・長期指向

　財務数値に対しては、「財務数値ばかり気にすると企業経営が短期指向になる」という批判が多くある。確かに、一定期間の成果を示すP/L上の数値は当期業績を表す短期的な数値であり、長期的な企業価値創造に結びつくとは限らない。そのため、将来にわたる長期的な価値創造に目を向けた経営が指向されることは自然である。

　一例であるが、生命保険会社が算出し公表しているエンベデッドバリュー（Embedded Value、EV）はこの考え方によって導入された。EVはB/Sの純資産に基づく修正純資産に、保有している保険契約が将来に生み出す価値を加えたものである。

　EV ＝ 修正純資産＋保有する保険契約の将来価値合計

　生命保険の契約は複数年にわたるものが多いため、単年度の利益だけを見ていたのでは、当期の価値の創造状況を把握できない。EVを算出するためには、保険事故発生率、保険の解約率、資産の運用利回り、経費、割引率などの前提を置かなければならず、その計算は複雑である。それでもEVが使われるのは、生保ビジネスの価値を評価する際には、将来の利益まで加味する必要があると考えられるためである。

2．リスク・コントロール指向

　事業には様々なリスクが存在し、またその度合いは事業によって様々である。しかし、事業の発展のためには積極的にリスクをとり、リスクを認識したうえで、それに見合った利益を上げていくことが不可欠である。様々な事業を展開し、早くから開発途上国にも進出してきた総合商社は、地域、業種をまたいだリスクの多様化にさらされてきた。そのため、これらのリスクを定量化して、精緻な収益管理手法を作り上げている。

　投資・事業リスクの大きさを定量的に把握し、それに対してリターンがどれだけあるのかを評価する指標を総称して、RAPM（Risk-Adjusted Performance Measurement、リスク調整後収益性指標）と呼ぶ（ラップエム）。その代表的な指標がRAROC（Risk-Adjusted Return on Capital、リスク調整後資本利益率）である。レイロックと読み、リスク調整後ROEとも呼ばれる。リスク資本はリスクを加味した仮想的な投下資本であり、事業が保有するリスクに応じて決定される。

　RAROC ＝ 利益÷リスク資本

　リスクをとらなければ利益を継続的に上げていくことは難しいが、負うリスクが過大であってはいけない。ROROC、RAPMはリスクを許容しつつリターンを管理し、総合商社における選択と集中を進める際の有効なツールとなっている。

3．オプション指向

　金融デリバティブの一種である、オプションの価値評価理論を現実の経営に応用した「リアル・オ

プション」も一時期注目を集めた。オプションは権利ではあるが義務ではない。義務ではないということは、環境がととのわない場合には実行する必要はないが、一方で権利であるということは、環境がととのった場合には実行できる、ということである。現時点では価値がなくても待つことで価値が出てくる場合があるのであれば、その投資機会にはやはり価値があると考えるのである。

リアル・オプションの考え方は斬新であったため、不確実な経営環境においては、変化に迅速かつ柔軟に対応できる組織を作ることが重要であるといった経営組織論への展開も試みられた。しかし、オプション理論の説明や価値評価には、難解な数式と多くの前提が必要であったこともあり、実務における適用は限定的であった。

4. 内部プロセス指向

企業が経営をする上で最も必要なのは、事業における日々の取り組みに直結した数値である。しかし、それらの取り組みは必ずしも短期的な業績向上には結びつかない。例えば、将来に向けて企業が研究開発を行ったとしても、その効果はすぐには現れない。効果が出るまでの間は費用が発生するだけであり、研究開発を進めれば進めるほど、短期的に見れば業績は悪化してしまう。

このような将来に向けた取り組みの効果を数値として捉えることは難しいが、何とか測定・管理していこうという動きが活発化している。その一例が従業員満足度（Employee Satisfaction、ES）である。働く人の心理的な満足度が高くなれば、業務の生産性が向上し、その結果企業の業績が向上するという関係性は、厳密な因果関係が見られないとしても、直観的に納得できる。ESを高める企業の取り組みは、例えば職場のファシリティーの改善、一体感を醸成するイベントの開催、福利厚生の充実、個人に向き合うきめ細やかな人事など様々である。これらの施策は、短期的には企業の業績には結び付かず、それどころかコストの上昇要因となる。しかしながら、長期的な企業価値の向上につながる施策であるならば、行うべきであり、その取り組みの成果を管理していくことは経営上重要なことである。そこで、仕事そのものや職場・上司に関しての満足度を、従業員へのアンケート調査によって確認することが行われ始めた。

労務行政研究所の調査（「人事労務管理諸制度の実施状況調査」）によると、2001年には従業員満足度を問う質問項目すら存在しなかったとのことである。しかし、従業員満足度調査の認知度は徐々に高まり、2007年には実施企業は20％を超え、2010年では23％の企業が実施している[12]。特に開示が求められることがなく、また強制的でもない調査をこれだけの企業が行っているということは、驚異的と言ってもいいだろう。

顧客に対して自社の製品・サービスや営業員の接客態度についてアンケートを行う顧客満足度（Customer Satisfaction、CS）調査も多くの会社で実施されている。顧客ロイヤリティーや商品の信頼性・ブランド力などは、将来的な業績の先行指標となりうることからも重視されている。

これらを包括したといえるのが、財務指標だけではなく、将来の財務的な成果に結びつく非財務的なプロセスも含めて、バランスよく経営を行うことを目指すバランス・スコアカード（Balanced Scorecard、BSC）[13]であろう。BSCは「財務の視点」のほか、顧客からの評価を捉える「顧客の視点」、どのような社内の仕組みを有しているかという「業務プロセスの視点」、組織としてどのような能力を持っているかという「学習と成長の視点」という4つの視点から構成される。4つの視点はそれぞれ独立しているわけではなく、つながっている。最

終的な結果は財務数値として表れるが、それを直接的にもたらすのは顧客への製品・サービスの提供である。顧客に喜んでもらえるような製品・サービスを提供するためには、優れた業務上の仕組み・プロセス・内部資源が必要である。そして、仕組みを構築し維持するためには、そこで働く人のレベルアップが欠かせない。このように4つの視点は、財務業績を生み出す一連の流れを表している。

　BSCはあらゆる取り組みを統合したものであるから、企業内のどのような活動もこの枠組みの中に位置づけることができる。そのため一時期よりは下火になったものの、多くの企業がBSCの枠組みで事業活動を捉えている。

5．社会的価値指向

　米国におけるエンロンやワールドコムの粉飾決算とその後の破綻、わが国における食肉偽装や耐震偽装、そして「カネで買えないものはない」というトップに率いられたライブドアの粉飾決算、さらに村上ファンドのインサイダー取引と、2000年代半ばまで企業の不祥事が国内外で重なった。そのような中で、会社のあるべき姿とは何かという議論が過熱していった。この議論は、企業は誰のものか、誰のために会社はあるのかといういわゆるコーポレート・ガバナンスの根幹となる議論につながっていき、「会社は社会の公器である」という考え方と、それに基づく企業の社会的責任、CSR（Corporate Social Responsibility）に注目が集まることとなった。

　さらに、2011年3月の東日本大震災においては、数多くの企業が必ずしも利益とはつながらない対応をしたことが話題となった。災害や危機に直面したときに、社会に対して企業は何をすべきなのかを、経営者だけではなく現場の従業員が考え、判断し、実行したのである。

大震災とそれに続く原子力発電の是非や電力問題は、企業の社会に対する責任と価値を日本国中があらためて考える機会となったといえよう。

Ⅵ　おわりに：企業価値創造経営の今後

　これまで、近年の企業価値創造経営の変遷を、企業が重視してきた指標・数値を軸に整理してきた。大まかに整理すると、バブル以前の規模拡大、バブル崩壊後の効率重視を経て、資本コストを意識した真の企業価値創造経営へとわが国企業はシフトしてきた。加えて、近年ではより洗練された多様な切り口で企業価値の向上に取り組む企業が増えてきている。

　企業価値創造経営は、将来・長期、リスク・コントロール、オプション、内部プロセス、社会的価値などを指向した、多義的なものになっており、もはや画一的に定義するのが難しい。企業価値の創造という当たり前の目的を、各企業それぞれに試行錯誤しながら達成しようとしているのが現状ではないだろうか。近年の企業価値に関する記事数減少の理由は、既に企業価値といった大きなくくりの言葉で経営を語ることが困難になっていることの表れと考えることもできる。

　企業が価値を創造することに真剣になるほど、日々のオペレーションにまで価値に基づく経営を浸透させることが必要となる。元来、企業価値創造経営は、価値・数値を計測する部署である財務・経理部門や、それらを管理し経営に活用していく経営企画部門が主導してきた。しかし、それが多様化する過程において、人事、営業、生産、研究・開発部門も巻き込んだ全社的な取り組みへと進化しているともいえる。

　一方で、日々の活動を捉える数値は、企業独自のものであることが多い。企業が現場で管理する

指標や項目は、ビジネスモデルや企業独自のノウハウと結びつき、経営者の意思と主観に基づいている。そのため開示に適さず、他社との比較も困難である。企業が、日々の活動にまで目を向けるほど、対外的なコミュニケーションは難しくなる。

今後、企業価値創造経営はさらに多様化しながら進化していくと考えられる。しかしながら、多様化と進化をするがゆえに、その進捗状況を客観的・画一的な基準で把握し評価することは大きな課題となるであろう。

【注】

1) 新聞記事の検索システム　日経テレコン21で日経新聞（朝刊、夕刊）、日経産業新聞、日経MJ（流通新聞）、日経ヴェリタス、日経金融新聞に掲載された企業価値に関する記事数。

2) 同時期の日本企業をめぐる状況について振り返ってみると、1997年には、大手金融機関の経営破綻（北海道拓殖銀行、山一証券など）があったが、企業価値の議論を急速に高めたわけではなかった。むしろ2000年に入ってからの、東京スタイルに対する、村上世彰氏率いるM&Aコンサルティング社（通称村上ファンド）の増配・自社株買い要求（2002年2月）や、2003年末から2004年にかけてのソトー、ユシロ化学に対する米国投資ファンド、スチール・パートナーズからの敵対的買収提案などが議論を活発化したものと思われる。また、2005年2月から3月にかけてのライブドアによるニッポン放送の株式買い付けと、これに対するフジテレビ・ニッポン放送側の敵対的企業買収防止策の攻防はさらに企業価値の議論に拍車をかけた。

3) 例えば、1997年に行われた、上場企業の経営企画室長、総務部長などを対象に行った調査によれば、「有効と考える重要度の高い4つの財務指標」として、経常利益（51.45％）、売上高（41.04％）をおさえ、58.65％の企業がROEをあげている（ダイヤモンド・ハーバードビジネス Aug-Sep1997 103ページ）。

4) ROICの計算式は、「営業利益÷（固定資産＋運転資金＋現預金）」（週刊ダイヤモンド　2003年8月30日号　46ページ）。

5) 日本経済新聞　2010年9月9日朝刊15面の記事によれば、三菱重工業、日本郵船、川崎重工業などがROICを企業の目標に掲げている一方で、日産自動車はROICの目標設定を掲げるのをやめたとのことである。

6) かりにROAが10％だったとしても、価値創造に十分か否かはここからだけでは判断できない。

7) しかも、株式への投資は、資金の貸し出しや債券投資に比較してリスクが高いことから、株主の期待リターンは高く、したがって株主資本に関わるコストは負債に関わるコストよりも高い。

8) 企業が負うべきトータルの資本コストは、債権者・銀行が期待するリターン（率）である負債コストと、株主が期待するリターン（率）である株主資本コストを、企業の資本構成に基づいて平均した加重平均資本コスト（Weighted Average Cost of Capital、WACC）である。資本コストは率で表され、正味現在価値（NPV、Net Present Value）の計算に使用される割引率にあたる。

9) EVAは開示が求められるものではなく、計算方法に画一的な定義がなかったため、各社はそれぞれオリジナルの指標を作り出した。例えば、AVA（アドバンテスト）、DVA（ダイキン工業）、KVA（キリンビール）、MCVA（三菱商事）、OVA（オリックス）、TVA（TDK）、ZVA（日本ゼオン）、TVC（東芝・バリュー・クリエイテッド）、EVE（JT、エコノミック・バリュー・ベイスト・アーニングス）、FIV（日立、フューチャー・インスピレーション・バリュー）などがあった。

10) 投下資本とB/Sは概念としては同じだが、買掛金や引当金に代表される無利子の負債を含まない。よって、投下資本を貸方サイドから見ると、有利子負債と株主資本で構成される。これは負債コストおよび株主資本コストからなる加重平均資本コストの構成要素に対応している。また、投下資本の左右はバランスするため、買掛金のような無利子負債はB/Sの借方からも同額差し引かれ、投下資本の借方は運転資本と固定資産で構成される。

11) ある意思決定（選択）を行うことにより、あきらめなければならない機会から得られる利益のこと。

12) 労政時報　第3773号　2010年5月14日発行　65ページ。

13) ハーバード・ビジネス・スクール教授のロバート・S・キャプランと、コンサルタントのデビッド・ノートンによって1990年代初めに発表された。

＜参考文献＞

櫻井通晴編　「企業価値を創造する3つのツール EVA・BSC・ABC」　中央経済社

本合暁詩　「図解　ビジネスファイナンス　第2版」　中央経済社

本合暁詩　「会社のものさし　実学　読む経営指標入門」　東洋経済新報社

本合 暁詩（ほんごう あかし）
株式会社リクルートマネジメントソリューションズ経営企画部長。
新日本製鉄、スターンスチュワート日本支社長等を経て現職。立教大学、国際大学大学院等で非常勤講師。慶應義塾大学法学部卒、国際大学大学院修了（MBA）、国際基督教大学博士（学術）。著書に「会社のものさし―実学「読む」経営指標入門」（東洋経済新報社）、「図解ビジネスファイナンス」（中央経済社）等。

特集 II

地方自治体の経営改革と公会計情報の活用
－町田市の公会計制度改革の事例から－

青山学院大学大学院会計プロフェッション研究科 特任教授

鵜川 正樹

我が国において、政府・地方自治体の公会計制度は変革期にあり、公会計改革は、財務報告制度として法制化されない状況の中にあるが、特に公会計情報の活用について、その基本的な考え方とより良い実務経験の蓄積が必要である。筆者は、東京都町田市の公会計制度改革に外部委員として支援をしてきた者であるが、本稿では、町田市の経営改革と公会計制度改革の取組みを検討することで、他の自治体にとっても参考になれば幸いである。

I はじめに

我が国においては、地方自治体の公会計改革は、財務報告制度として制度化されない状況の中で、会計基準が複数存在するという不安定な状況が続いている。早急に国際的にも通用する統一的な会計基準の導入が必要なことは明らかである。同時に、公会計の活用については、その基本的な考え方とより良い実務経験の蓄積が必要である。

そのような状況の中で、首長のリーダーシップにより、意思決定のマネジメントを改革するために、公会計の活用を図る自治体が登場してきている。公会計制度は、政治経済システムの一環であり、政治的・文化的な側面を持つため、政治改革・経営改革と一体となって会計改革を実現することで大きな成果をもたらすことができる。

その事例として、本稿では、東京都町田市を取り上げる。町田市は、東京都、大阪府に続いて、市では初めて、平成24年度より財務報告制度に複式簿記・発生主義会計を導入している。町田市は、東京都の西部に位置する市であり、人口42万人（平成24年4月1日現在）の市である。町田市では、東京都の会計制度改革をプラットフォームとして、複式簿記・発生主義会計の迅速な導入を図るとともに、経営改革のために会計情報の活用を図っている。経営改革における会計情報とは、他市と比較して借入金や人件費が多いとか少ないという事実（比較情報）を市民に説明することにとどまらず、個々の組織や職員の行動に結びつく情報でなければならない。そのような経営思考のもとに、町田市では予算制度改革と月次報告制度を導入している。

本稿では、町田市の公会計改革の考え方と取組みを検討することで、他の自治体にとってもより良い実務の経験として参考にしていただければ幸いである。

II 公会計制度改革のプラットフォーム

町田市は、東京都の公会計制度改革をプラットフォームとして、複式簿記・発生主義会計の迅速な導入とともに、公会計を活用したマネジメント改革を推進している。

東京都の公会計制度改革は、いわば公会計改革

のプラットフォームとして、下記のような特徴を有している。

このうち、本稿では、主に経営改革・予算編成への公会計情報の活用について検討する。

公会計制度改革のプラットフォームとしての主な特徴

項　目	特　徴	
会計基準	国際公会計基準（IPSAS）をベースにわが国の地方自治体に適合するものに追加修正。	
財務諸表の作成の義務付け	会計規則の中に財務諸表の作成を義務づけており、9月都議会で迅速な報告・公表を行い、予算への活用を図る。	
開始貸借対照表の作成	公有財産台帳の整備とともに、道路等のインフラ資産の取得価額の把握に合理的で簡易な方法を開発。	
財務会計システムの創意工夫	複式簿記の導入（日々仕訳）	職員の事務負担を軽減する仕組みの開発。
	多様な財務諸表の作成	会計別財務諸表（一般会計、特別会計）に加えて、局別・事業別（目別・管理事業別）の財務諸表を作成し、各局が主体的に事業経営に活用できる仕組みを開発。
財務マネジメントの改善	財産管理システムと財務会計システムの照合	予算執行部門と財産管理部門を有機的に連携させて、財務マネジメントの強化を図る。財務諸表の正確性・信頼性を向上。
	長期的な維持修繕データの蓄積	固定資産の維持更新計画のためのデータとして活用。公有財産管理システムとの連携。道路・橋りょう等管理システムとの連携。
	全庁的な財産（固定資産）の管理	全庁的な公有財産の管理を可能にして、有効活用を図る部署を設置。
経営改革・予算編成への活用	公会計の思考（中期的な視点、費用対効果の事業評価）を基にした主体的な事業評価の実施と財政課による予算編成への活用。	
会計監査の導入	監査委員事務局により定期監査の中で実施	
住民への情報開示	財務諸表の概要（一般会計及び全体）（会計管理局） 年次財務報告書（普通会計及び連結、財政運営と財務諸表の関係）（財務局） 主要施策の成果（予算決算と事業別財務諸表の関係）（財務局）	

（出所：東京都）

Ⅲ 町田市の公会制度改革の取組み

　町田市では、早い時期から総務省方式による財務諸表を作成しており、連結財務諸表を含めた財務報告書の公表を行ってきた。それは、市全体の財政状態・財務業績を説明するものであり、市債の残高や人件費の水準などについて、経年比較や他自治体比較を行うことで、財政健全性の視点から市の実態を説明するものである。そのような会計情報は、これまでの財政運営について一定の評価を可能とするものであるが、個々の事業を担っている組織や職員の行動を変革するものではないという問題意識を持っていた。そのような問題意識を市長と職員が共有化することで、経営改革に主眼を置き、個々の組織・事業の経営成績の点検と評価ができる公会計制度の導入を目指して、複式簿記・発生主義会計を導入したものである。その取組みの中で、予算制度改革、事業別財務諸表の作成、月次報告制度の導入、経営会議での政策審議への活用を実現したものである。

　町田市の公会制度改革の目的は、東京都と同様に、財政運営と事業経営のマネジメントを改革し、その成果を住民に説明するというアカウンタビリティの充実にある。

財務諸表活用の全体像

目的＼視点	マクロ （都財政）	ミクロ （事業経営）
マネジメント（経営）の強化	**都財政全体の分析** 新たな分析手法による「財政の持続可能性」の評価など	**個別事業の分析と評価** ・マネジメントサイクルの確立 ・個別事業の分析とその成果
アカウンタビリティ（説明責任）の充実	**都財政運営の説明** ・年次財務報告書の作成・発行 ・都政全体の財務情報の提供	**主要な事業の実施状況の説明** ・「主要施策の成果」などによる都民への説明 ・個別事業の真の財務情報を提供

（出所：東京都）

　新しい財務会計システムは、各部局が主体的に会計情報を入手し分析、活用できるように設計されており、財務会計システムから、会計別財務諸表、局別財務諸表、事業別財務諸表の作成を行うことができる。また、必要に応じて各部局が特定の事業（例えば、市立博物館等財務諸表）を設定して、事業別財務諸表を作成し、事業の見直しや計画に資することができる。

　町田市では、公会計改革の意義について、市全体の財政情報を説明して、他市と比較して借入金や人件費が多いとか少ないという実態を市民に説明する（マクロ・財政運営の視点）だけではなく、個々の組織・事業の経営成績の点検と評価ができること（ミクロ・事業経営の視点）に重点を置いており、経営改革と一体化して捉えているものである。

　会計情報は個々の職員の行動に結びつくものでなければならないという経営哲学のもとに、財務会計システムは日々の仕訳からデータを入力して迅速・簡便に財務諸表を作成できるものとしている。

　町田市は、経営改革を推進するために、我が国で初めて、予算制度改革と月次報告制度を導入している。ここでは、会計情報は経営の指標として、個々の部課の仕事目標の中に組み入れられており、予算・決算・評価の事業単位を統合することで、月次ベースでの進捗管理を行い、直ちに職員の行動に結びつけることを意図している。

　町田市の公会計改革の全体像は、以下のように示されている。

　以下、予算制度改革、事業別財務諸表の作成、月次報告、政策審議での活用について、概要と意義について検討する。

町田市の新公会計制度の枠組み

全庁的に新公会計制度を活用するため、財政課・会計課だけではなく、事業化が自ら所管事業の財務諸表を作成し活用する仕組みを構築

予算制度改革	事業別財務諸表の作成	月次決算・月次報告の実施	システム連携	職員研修
予算科目を財務諸表の単位に組み替えることにより、予算・決算を一体化し、目標と成果のプロセスを可視化	管理会計として活用するため施設事業・受益者負担事業・独自事業等200事業について事業別財務諸表を作成	日々仕訳のメリットを活かし、月次決算と月次報告を実施し、PDCAサイクルのスピードアップを図る。	公有財産システム・起債管理システムと連携し、非現金取引等を迅速に捕捉し、簡便に財務諸表を作成	各組織に簿記・会計のわかる職員を育成またマネジメントに活用するための分析手法等について研修

（出所：町田市）

Ⅳ 予算制度改革

東京都の場合、予算と会計の事業単位を統合して評価をするような予算制度改革は実施していないが、予算編成への会計情報の活用として、各局や財務局（財政課）において、事務事業の事後評価の徹底や、新しい事業計画の費用対効果分析などを通して、企業経営的な思考として根付くことを目指している。都議会と行政部門の関係や膨大な予算事業の組み替えには時間を要することなどがあるが、公会計制度改革にあたり、企業経営的な発想を各局や財務局のなかで、主体的に醸成していくことを主眼としてきたものである。

一方、町田市においては、東京都の会計制度改革の経験をベースとして、基礎自治体（市区町村）の特徴を生かし、さらに経営改革を進めている。これまでの予算制度の問題点は、同じ予算の目に中に、様々な課の経費が混在しており、また、人件費が事業には含まれていないということがあった。この問題点を解決するために、予算と決算の事業単位を組織（課）と一体化して、事業の所轄課にとって目標（アウトプット）と成果（アウトカム）のプロセスを可視化することを目指している。具体的には、歳出目を課というマネジメントの単位に組み替え、人件費を歳出目単位で計上することを実施したことにより、歳出目別の財務諸表が各課のパフォーマンスを示すものとしたのである。

町田市の予算制度改革の概要

財務諸表作成の基礎単位は歳出目単位

予算単位と財務諸表の単位を合わせることにより、資産・債務と経営成績を意識した予算編成の実施

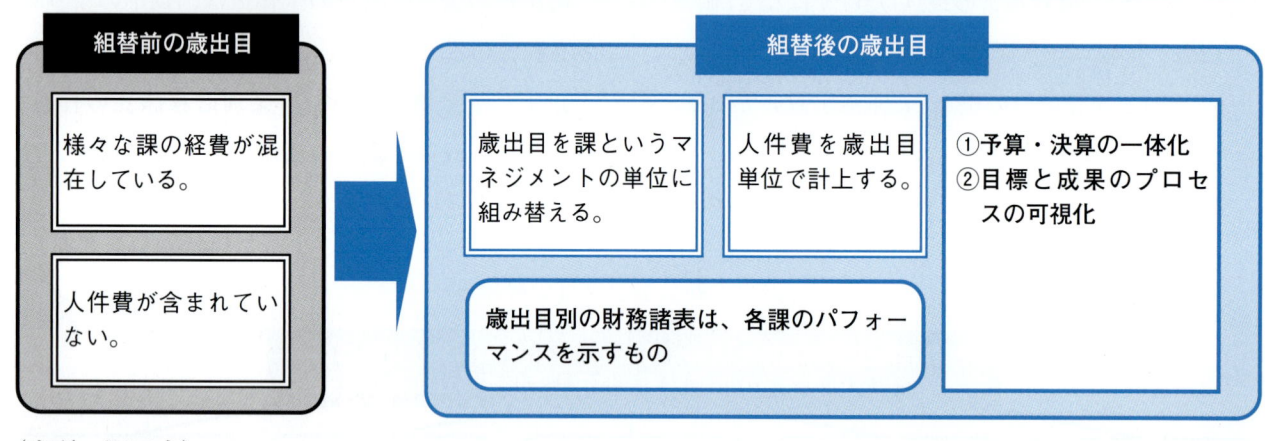

組替前の歳出目
- 様々な課の経費が混在している。
- 人件費が含まれていない。

組替後の歳出目
- 歳出目を課というマネジメントの単位に組み替える。
- 人件費を歳出目単位で計上する。
- 歳出目別の財務諸表は、各課のパフォーマンスを示すもの
- ①予算・決算の一体化
- ②目標と成果のプロセスの可視化

（出所：町田市）

例えば、社会福祉総務費には、福祉総務課や障がい福祉課、生活援護課の複数の課が含まれていたものを、1課＝1目となるように、社会福祉総務費と障がい福祉費に区分して、人件費をそれぞれ配分している。

このように予算を事業別に組み替えることで、決算の数値や目標とした業績との比較や評価が可能になり、アウトプット重視の経営が醸成されていくことを目指している。

町田市の予算制度改革の事例

現在の歳出目

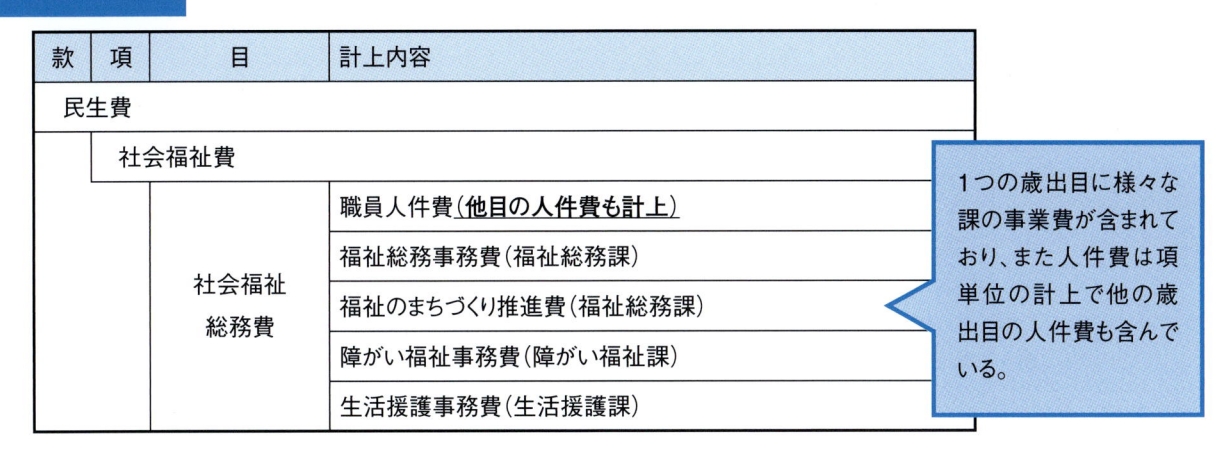

款	項	目	計上内容
民生費			
	社会福祉費		
		社会福祉総務費	職員人件費（他目の人件費も計上）
			福祉総務事務費（福祉総務課）
			福祉のまちづくり推進費（福祉総務課）
			障がい福祉事務費（障がい福祉課）
			生活援護事務費（生活援護課）

> 1つの歳出目に様々な課の事業費が含まれており、また人件費は項単位の計上で他の歳出目の人件費も含んでいる。

組み替え後の歳出目

款	項	目	計上内容
民生費			
	社会福祉費		
		社会福祉総務費	職員人件費（当該歳出目の事業費に係る人件費）
			福祉総務事務費（福祉総務課）
			福祉まちづくり推進費（福祉総務課）
			……
		障がい福祉費	職員人件費（当該歳出目の事業費に係る人件費）
			障がい福祉事務費（障がい福祉課）
			身体障がい福祉費（障がい福祉課）
			……

（目を課の単位に調整）

> 歳出目は、課単位に組み替え、当該歳出目の事業費に係る人件費を計上する。

（出所：町田市）

V 事業別財務諸表の作成

　町田市では、財務会計システムから目別及び管理事業別の事業別財務諸表が自動的に作成されて、課単位での業績評価を行うことができる。これは、政策・施策・事業の体系でいうと、施策レベルに該当する。さらに、歳出目という枠組みでは、分析・検証することができない個々の事業について、その効率性や適正性を分析するために、事務事業を選択して、事業別財務諸表を作成している。

　東京都では、このような管理事業の選択は、各局の主体性に任せているが、町田市では、財政課が必要と認めた事業をすべて管理事業として指定して、予算編成や事業計画に活用することを目指していることが特徴である。

町田市の事業別財務諸表の位置づけ

事業別財務諸表

歳出目という枠組みでは、分析・検証することができない個々の事業の効率性や適正性を分析

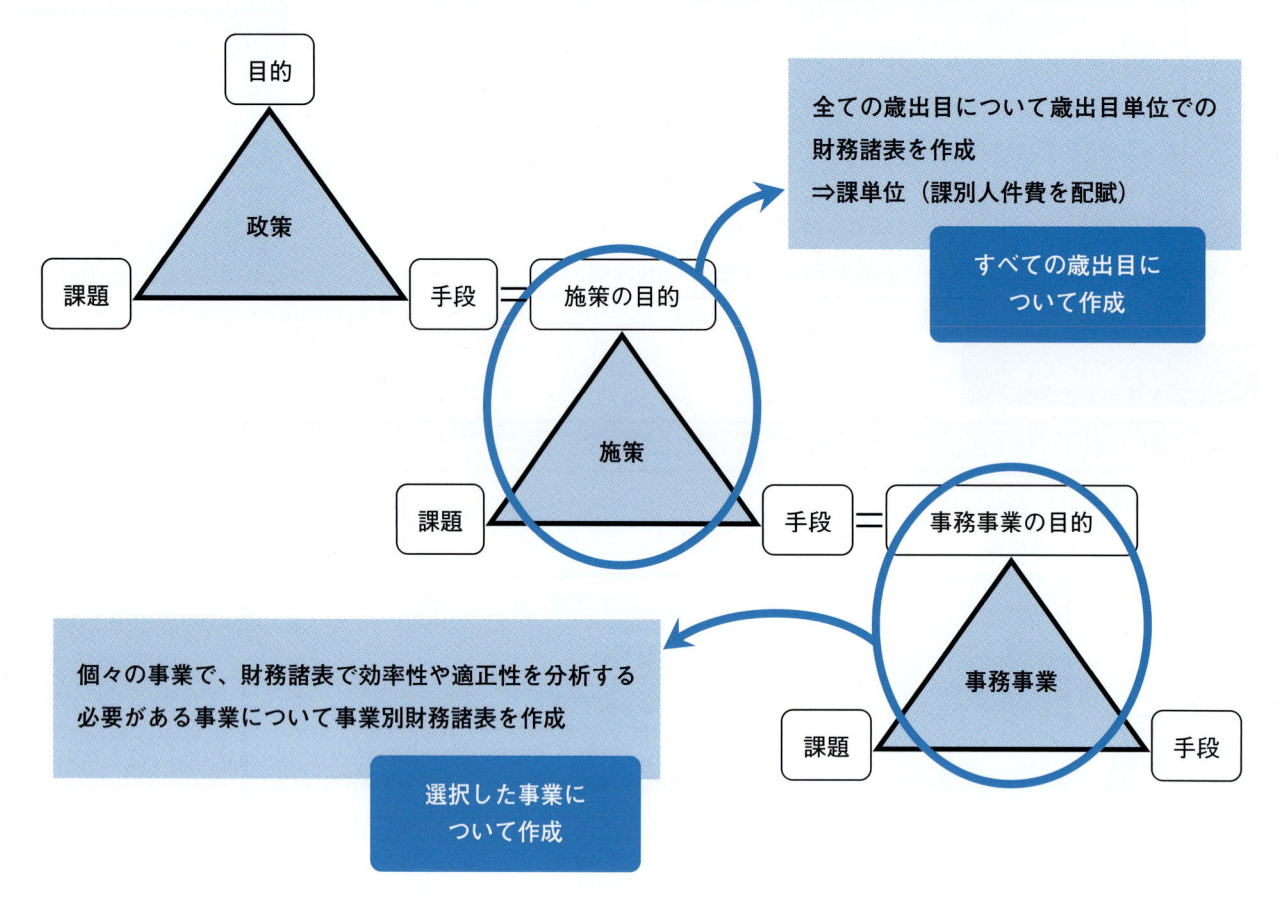

【図：政策（目的・課題・手段）→施策（目的・課題・手段）→事務事業（目的・課題・手段）の三層構造】

全ての歳出目について歳出目単位での財務諸表を作成
⇒課単位（課別人件費を配賦）

すべての歳出目について作成

個々の事業で、財務諸表で効率性や適正性を分析する必要がある事業について事業別財務諸表を作成

選択した事業について作成

（出所：町田市）

　例えば、次図のように、土木費（款）都市計画費（項）の中で、都市計画整備費（目）をみると、その中には、交通輸送対策費（大事業）があるが、その中で、町田市市民バス運行事業、地域コミュニティバス運行事業（中事業）がある。それらの財務諸表を作成することで、費用対効果の評価や中長期的な視点でのあり方などを検討することができる。他方、現金支出だけの事業であれば財務諸表の作成は不要としている。

　このように、予算・会計・評価の事業単位を統合して、組織としての課及び事業の業績評価を行うために、会計情報を活用しようとしている。このことは、自治体の経営改革を推進するうえで重要なことである。業績評価の視点から、インプット・アウトプット・アウトプットをもとにした効率性・有効性の評価が可能になり、事業の総合的な業績評価が可能になる。これまでの官庁会計をベースにした行政評価（事務事業評価）と予算編成を改革して、統合的な業績評価に基づいた経営を目指すものといえる。

特集Ⅱ　乱気流経済下の業績評価

町田市の事業別財務諸表の作成単位
◎財務諸表セグメントセグメント【予算科目】

会	会計名	款	款名	項	項名	目	目名称	大事業名称	中事業名称	所属名
							セグメント1	セグメント2		
1	町田市一般会	8	土木費	3	都市計画費	1	都市計画管理費 00900282	建築審査会等委員費	建築審査会事務	都市計画課
								都市計画審議会費	都市計画審議会事務	都市計画課
								交通輸送対策費	広域交通計画事業	都市計画課
									多摩都市モノレール整備事業	都市計画課
									○町田市民バス運行事業　00282019	都市計画課
									○地域コミュニティバス運行事業　0282020	都市計画課
									バリアフリー基本構想策定事業	都市計画課
									路線バス利用促進事業	都市計画課
						2	まちづくり推進費 00900283	街づくり推進検討事業費	○地区の街づくり推進事業　00283006	まちづくり推進課
									まちづくり推進課管理事務	まちづくり推進課
								景観形成推進費	景観形成推進事業	まちづくり推進課
						3	開発指導費 00900284	開発指導事務費	開発指導課管理事務	開発指導課
								開発審査事務費	開発審査事務	開発指導課
						7	公園緑地費 00900288	公園緑地管理費	公園緑地課管理事務	公園緑地課
									公園運営協働事業	公園緑地課
									○公園管理適正化事業　00288015	公園緑地課
									指定管理公園管理事務	公園緑地課
									○公園駐車場管理事業　00288035	公園緑地課
								緑化推進費	花と緑のまちづくり普及事業	公園緑地課
								薬師池公園管理費	○薬師池公園管理事務　00288019	公園緑地課
								忠生公園管理費	○忠生公園管理事務　00288021	公園緑地課
								☆ふるさとの森事業費 00288036	ふるさとの森管理事業	公園緑地課
									ふるさとの森整備事業（政）	公園緑地課
								緑地保全費	○町田えびね苑管理事業　00288024	公園緑地課
									民有緑地保全事業	公園緑地課

（出所：町田市）

Ⅵ　月次報告制度の導入

　町田市の月次報告制度は、これまで行ってきた部・課の仕事目標（アウトプットやアウトカム）の制度を改変し、財務業績（インプット）を活用して、月次で目標管理を行うことで、迅速なアクション（行動）につなげるという企業経営的な発想を、自治体の経営に導入したものである。

　例えば、次図の月次報告の事例をみると、課の仕事目標「市内商店街の振興」に対して、目標達成のアウトプットは「市内商店街の活性化補助金」としている。インプット指標としては、補助金の支給額が示されている。アウトプット目標が、年度予算ベースから月次予算ベースで設定されており、月次の実績を目標値と前年度実績値と比較することで、目標を下回っている場合には、事業手法の見直し、新規事業の立案等の行動を迅速に起こすことが意図されている。

　民間企業であれば、月次の業績管理は一般的に行われているが、その根底には、業績を財務数値（利益、収益等）で表現することができることがある。他方、自治体においては、行政の業績を数値化できないという特徴から、行政評価を導入している自治体でも、年度決算の終了後に、正確なコストではないが代替的に事業費の決算額やアウトプット単位当たりのコストを計算して効率性を示すというところが多いように思われる。このような行政評価制度の課題としては、予算編成への反映が迅速にできないことや中長期的な視点での議論が深まらないという問題が指摘されている。これに対して、事業の執行プロセスを可視化して、個々の組織や職員が責任意識をもって、迅速な対応を行っていくという月次報告制度の導入は示唆に富むものである。

町田市の月次報告制度の例

月次報告

日々仕訳のメリットを活かし、財務業績の月次報告による目標管理を実施

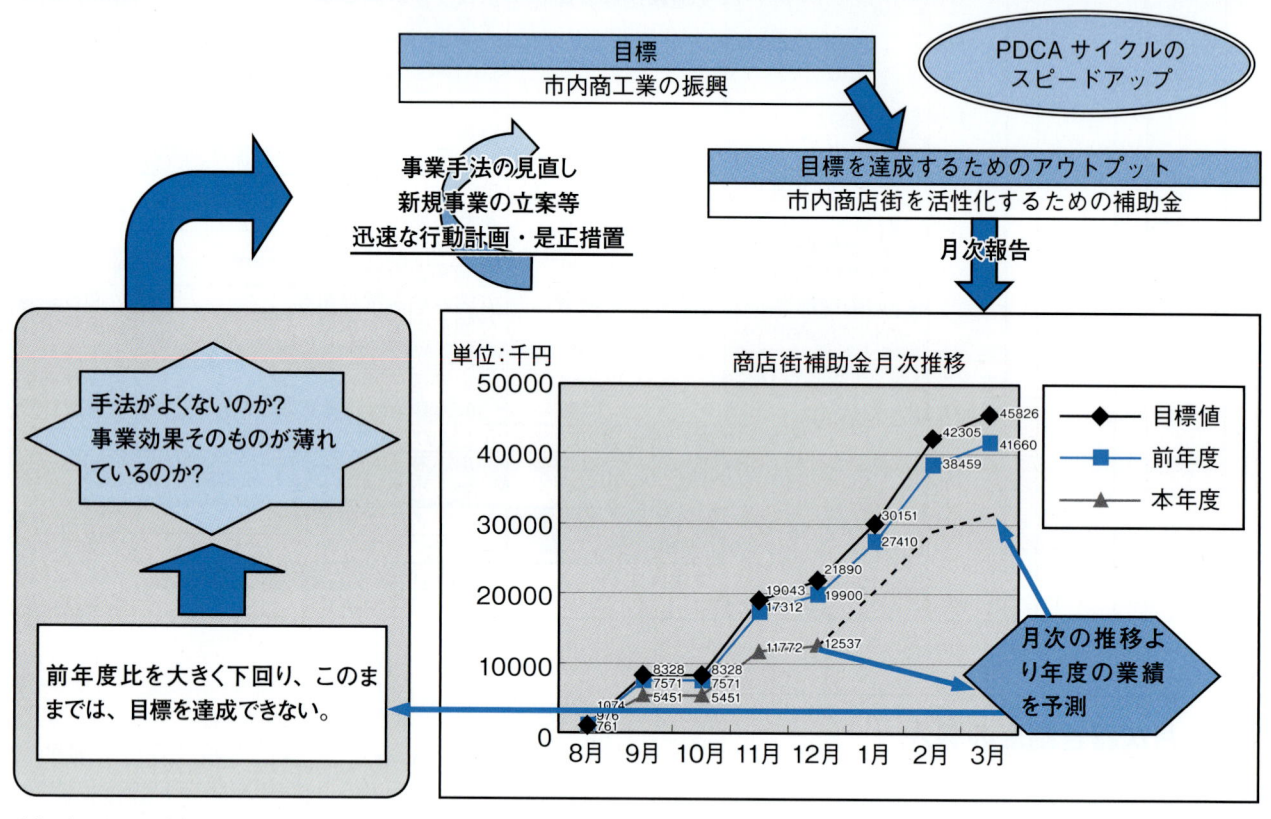

目標
市内商工業の振興

PDCAサイクルのスピードアップ

事業手法の見直し
新規事業の立案等
迅速な行動計画・是正措置

目標を達成するためのアウトプット
市内商店街を活性化するための補助金

月次報告

手法がよくないのか？
事業効果そのものが薄れているのか？

前年度比を大きく下回り、このままでは、目標を達成できない。

月次の推移より年度の業績を予測

商店街補助金月次推移（単位：千円）
凡例：目標値、前年度、本年度

（出所：町田市）

VII 経営会議における政策審議への活用

　町田市では、市の幹部が定期的に経営会議を行い、市の経営方針の決定や政策判断を行っている。この経営会議において、会計情報の活用として、事業の中長期的なコストの分析や、「分析指標類型」による単位当たりコスト分析を行うこととしている。また、新規事業については、予定貸借対照表と予定行政コスト計算書を作成して、政策判断の要素として活用していくとしている。ここで、分析指標類型とは、事業のタイプを、収支均衡型、施設運営型、社会資本整備型、助成・啓発・指導・権限行使型、福祉サービス型、教育、行政管理型の7類型に分類して、それぞれの特性にもとづき財務数値を評価するというものである。

　東京都では、財務局における予算編成の中で、新規投資案件や指定管理者制度の導入などについて、将来の予測財務諸表を作成して、予算編成の判断の要素としている。

　町田市では、都の考え方をさらに展開して、経営会議の政策審議の中で、予定財務諸表の作成を導入して、全庁的な視点で活用することを目指している。

特集Ⅱ　乱気流経済下の業績評価

経営会議のおける政策審議への活用

△△地区子どもセンター整備 事業 予定貸借対照表(BS)

科目	金額(千円)	科目	金額(千円)
資産の部		負債の部	
Ⅰ流動資産	0	Ⅰ流動負債	15,072
現金預金		地方債	14,071
未収金	0	賞与引当金	1,001
税未収金		Ⅱ固定負債	276,678
その他未収金		地方債	248,472
不納欠損引当金		退職手当引当金	28,206
Ⅱ固定資産	444,040		
1 事業用資産	444,040		
有形固定資産	444,040		
土地			
建物	444,040		
減価償却累計額			
工作物			
減価償却累計額			
2 重要物品		負債の部合計	291,750
3 建設仮勘定		純資産の部	
4 投資その他の資産	0	純資産	152,290
有価証券及出資金			
その他債権			
基金積立金	0		
特定目的基金			
定額運用基金		純資産の部合計	152,290
資産の部合計	444,040	負債及び純資産の部合計	444,040

新規事業により整備されるストック情報を体系的に提示する。

△△地区子どもセンター整備 事業 予定行政コスト計算書(PL)

科目	金額(千円)
通常収支の部	
Ⅰ行政収支の部	
1 行政収入	366
国庫・都支出金	
分担金及負担金	
使用料及手数料	
諸収入	366
2 行政費用	61,457
人件費	36,491
物件費	14,851
維持補修費	583
補助費等	85
減価償却費	9,447
退職給与引当金繰入額	
行政収支差額	-61,091
Ⅱ金融収支の部	
金融費用	4,480
公債費（利子）	4,480
金融収支差額	-4,480
通常収支差額	-65,571
特別収支の部	
1 特別収入	0
2 特別費用	0
特別収支差額	0
当期収支差額	-65,571

◎当該事業の事業類型

	事業類型
☐	収支均衡
☑	施設運営
☐	社会資本整備型
☐	助成・啓発・指導・権限行使型
☐	福祉サービス型
☐	教育
☐	行政管理型

想定される行政コストに事業累計に応じた指標分析を加える。

◎当該事業による行政サービスの単位当りのコストなど

指標①	利用者一人当たりのコスト	値	776円
コメント	年間来館予想人数　85,000人		

子どもの健全育成という主旨から鑑み、単位当りのコストは適当であると思われる。また1日利用者数も他市の児童館と比較し高い状況である。

指標②	開館1日当りのコスト	値	222,760円
コメント	開館日数　296日		

指標③	事業の人件費比率	値	59.4%
コメント			

今後の子どもセンターの役割は地域との連携が必要である。また子どもに関する窓口の一元化等も見据えた上で現在の職員配置で業務を行っていく必要があると判断している。

(出所：町田市)

Ⅷ むすびに代えて

　町田市の新公会計制度に基づく財務諸表は、2013年9月に公表される予定である。会計別財務諸表とともに、すべての事業別財務諸表が公表される見込みである。そこでは、財務諸表の財務情報とともに、業績評価という非財務情報を総合したかたちでの業績報告を目指している。今回はその第一歩となることを期待するものである。

　また、新会計制度の活用と検証を試行している。具体的には、平成25年の町田市「事業仕分け」において、対象となった事業に関して事業別財務諸表を添付し、事業の評価に加えて、事業別財務諸表の作成単位や見方など評価の視点から検討を行っている。さらに、「行政経営監理委員会」において各所管課に対して新公会計制度の自己評価と外部評価の検討を計画している。

　地方自治体の財政状況について、財務諸表を使って、経年比較や他自治体比較を行うことで、財務の健全性あるいは脆弱性を報告することは、財政運営の分析と今後の方向性を検討するために必要なことである。同時に、個々の組織や職員の行動を変革するような経営上の仕組みが必要である。そのためには、個々の組織の目標と、予算・決算・評価を統合して、インプット・アウトプット・アウトカムによる統合的な業績評価が組み込まれることが必要である。その取組の成果を住民に情報開示することがアカウンタビリティの充実につながる。

　地方自治体の公会計改革は、政治改革。経営改革と一体化して大きな成果が得られるものである。そのような基本的な考え方とより良い経験を蓄積し普及することが重要である。

　町田市における取組みが今後の公会計制度改革にとって参考になることを期待するものである。

＜参考文献＞

青山伸一・鵜川正樹・小俣雅弘・白山真一・宮本和之（2010）『すぐに役立つ公会計情報の使い方』ぎょうせい

東京都会計制度改革研究会（2012）『固定資産台帳整備の基本手順』

中地宏編著（2006）『自治体会計の新しい財務報告書』ぎょうせい

町田市（2011）「町田市の公会計制度」

山本清（2012）「会計制度の発展研究における理論的枠組み－我が国の自治体会計を例にして－」日本会計研究学会第71回大会

鵜川 正樹（うかわ まさき）
青山学院大学大学院会計プロフェッション研究科特任教授。
監査法人ナカチ社員。公認会計士。税理士。
慶応義塾大学経済学部卒業。中央大学専門職大学院国際会計研究科修了、中央大学大学院商学研究科博士後期課程修了。財務省「財政制度審議会財政制度分科会法制・公会計部会」臨時委員、総務省「今後の新地方公会計の推進に関する研究会」委員　等。

特集 Ⅲ

コストマネジメントの過去・現在・未来

■価値創造のコストマネジメントに向けて／山本 浩二
■原価管理からみた「原価計算基準」の呪縛／小沢　浩

　特集Ⅲでは、「コストマネジメントの過去・現在・未来」というテーマで、大阪府立大学大学院の山本浩二教授と名古屋大学大学院の小沢浩教授に執筆していただいた。山本氏には、原価管理について、コストコントロールとして位置づけられた時代から現在のコストマネジメントへの展開、さらには今後、原価管理に期待される役割について論じていただいた。また、小沢氏には、「原価計算基準」の規定及びその下での原価計算・管理会計研究を振り返っていただきながら、原価管理とは「原価で（事業を）管理する」ことであるという点について論じていただいた。

特集 Ⅲ

価値創造のコストマネジメントに向けて

大阪府立大学大学院経済学研究科 教授
山本 浩二

Ⅰ　はじめに

　原価計算は、企業をとりまく経営環境の変化に対応すべく企業の実務からの要請によって発展してきた。損益計算における製品原価計算の役割に加えて、原価管理のためにはまず原価を計算する必要があるのは当然であるが、原価管理がコストコントロールとして、製品製造における作業能率管理を主眼として位置づけられた時代から、現在では戦略的な要素をより強めたコストマネジメントへと展開してきた。それが未来には、さらにどのような役割が期待されるかを展望してみたい。

Ⅱ　原価意識と原価計算

　今日、企業組織の業績管理において、原価意識から利益意識への変換の重要性が認識され、それに見合う業績管理の仕掛けが考えられている。これは企業をとりまく環境変化によるものであるが、いわゆる責任会計の考え方のもとで、責任センターとしては原価で業績が測定・評価されるコストセンターである製造部門をプロフィットセンター、とくにミニ・プロフィットセンターとして位置づけて業績管理を行うライン・カンパニー制といった例がこれに該当する。これは製造部門で原価意識を追求するあまり、部分最適な状況を生じさせて全社的な利益を犠牲にする行動を誘発する可能性に対しての問題提起である。原価意識だけで行動することの問題点を克服するため、利益意識をもつことが組織の活性化につながり、人材育成の仕組みとなる。人材育成は、組織の価値を生み出す大きな要因でもある。

　しかし、原価意識それ自体は重要なことである。元来、企業における原価計算は、原価意識の発現形態を示すものである。ここにいう原価意識とは、単に原価を考えて行動するということではなく、費用財（原価財）の投入と収益財の産出との関係に関して考慮することであり、投入と産出との因果関係を意識することを意味している。企業において、原価意識的行動が繰り返されて定型化され、原価計算と原価情報の流れが制度化されることによって原価計算システムが成立してきた。

　原価計算は、計算技術的特徴としては、基本的には生産物単位当たりの給付単位計算と位置づけられる。それは収益財（生産物）の価格と費用財の価格との比較が費用財の消費量を生産物の給付単位当たりに換算することによってなされるからである。そのためには、産出量と投入量の比率である原単位計算が必要となり、生産物1単位当たりの費用財の所要量が原単位として表示されることになる。

　一方、投入と産出の因果関係を価値という面でとらえた場合には、原価の本質は、産出に関連づけてとらえた投入の価値犠牲分として表現される。しかし、価値犠牲という概念自体、それは価値のある当該生産物が販売されて、収益を獲得できるという前提にもとづいている。しかし、その前提が普

遍的に成立するかどうかが競争の激しい時代のこれからの原価計算を考えるに当たって重要となる。販売されないものを製造したら、それは収益獲得のための価値犠牲ではなく、結局は損失に過ぎないことになる。しかも原価計算生成当時の競争環境の内容と今日および将来における競争環境は大きく異なることに一層留意しなければならない。

Ⅲ 原価計算の過去から現在までの発展

　原価計算の発達・展開プロセスの歴史において、原価計算の思考に影響を与えたものとして、実際原価計算における製造間接費の配賦方法論の展開、原価管理のための標準原価計算の提唱、CVP関係の資料の提供により利益管理に結びつく直接原価計算の提唱といった伝統的な管理会計と位置づけられるものから、さらには、管理会計として再び間接費の配賦計算を問題にした活動基準原価計算、また、品質原価計算、ライフサイクル・コスティングなど戦略的な管理会計と位置づけられるものまで、原価計算ないしコストマネジメントに関わる展開が指摘できる。

　これまでの原価計算の諸展開において、その役割期待を満たすために、たとえば、標準原価計算では、原単位計算が標準化される展開がなされたし、また、投入と産出の因果関係の認識におけるアクティビティに対するコスト・ドライバーの多様な認識が活動基準原価計算における展開である。

　そこに普遍的に踏襲されてきたのが原価の凝着性や凝集力という思考による製品への価値移転的原価計算の思考である。価値移転的原価計算の追求が、原価計算の精緻化になって、その役割期待に対する目的適合性が向上すると考えられてきたといってよい。しかし、製造業をとりまく経営環境の一層の変化は、価値移転的原価計算が企業の価値創造という実務で求められる目的適合性に十分に適合しなくなってきた面がみられ、戦略的視点によって再考することが必要になってくる。

Ⅳ 製造段階における価値創造と価格の関係

　すべての製造業に当てはまるわけではないが、スマイルカーブ化現象として、加工組立型産業では、製造段階での価値創造の相対的低下の傾向が指摘されている。製品の企画開発から、製造、販売、アフターサービスといった活動の流れの中で、付加価値を生み出す活動は、製造企業において製造段階が中心に考えられていた状況から、上流の企画開発段階や下流のサービス段階に移行しているという状況をさしている。

　このような現象の原因については、現代の製品における中核部品が標準化されて低価格化していることや製品の構造がオープンなモジュラー化されていることが考えられ、加工組立型産業の付加価値率・利益率が低下している状況が指摘される。

　電機製品に典型的なように、製品がアナログ時代からデジタル時代に変わったことで、ものづくりの考え方も大きく変わる。それによって、製品のアーキテクチャーが「すり合わせ型」から「モジュラー型」に変わったことが指摘できる。従来の「すり合わせ型」のものづくりでは、試行錯誤や調整を積み上げて、開発をしながら完成度を向上させ、開発プロセスの中でコストも作りこんで行くことができた。しかし、「モジュラー型」のものづくりでは、製品の全体機能を単位機能に分解し、個別の単位機能に、それぞれ独立したモジュール部品を組み合わせることで全体機能を実現することになる。

　このようなモジュラー型アーキテクチャーでは、設計の基本構想段階で製品の仕様とコストの大半が決まり、それ以降の変更が難しくなるために、製品開発の源流段階でコストを作り込むと同時に価値創造をめざす原価企画活動がますます重要となる。

さらに市場が評価する価格について、原価と無関係に価格が決定されることも少なくない状況が生じている。製品によって、プラスチック製品など原料を中心とした製品のように製造原価が価格を決定するもの、半導体メモリーのように製品の機能が価格を決定するもの、コンデンサーのように生産する競合企業との競争状態が価格を決定するもの、液晶パネルのように需要と供給の関係が価格を決定するものがある。このような製品の属性の違いによって、原価と価格の関係は多様である。そのなかで価値を実現するのは製品価格であることから、価値創造と原価の関係の再検討が必要となり、価値移転的な製品原価計算の限界が認識されるところである。

V おわりに ～価値創造のための新たな価値軸の必要性

価値移転的原価計算は、投入の価値の生産物への価値の移転を忠実に反映させようとする思考であるが、生産物間で、消費する費用財の価値金額が同じものは収益財の価値金額も同じと考えることが妥当するのであろうか。たとえば、同種類の製品で、材料の消費額が同じであれば、製品はどれも同じ価値をもつということで製品の収益力を判断して競争優位をもたらす戦略的な意思決定ができるのであろうか。

このことは、過去を志向する価値移転的な原価計算の限界として考えなければならないであろう。これまでのものづくりの経済的価値を創出する価値軸とは異なる価値軸が求められる時代になってくる。

収益力について、求められる新たな価値軸とは、経済産業省の報告書で指摘された、機能、信頼性、価格を超える第四の価値軸としての「感性価値」がその一つである[1]。感性価値は、必ずしも費用材のコストをかけずに製品価値を高めることが可能である。

感性価値とは、生活者の感性に働きかけ、感動や共感を得ることによって顕在化する価値であり、これを実現できれば、機能、信頼性、コストといった要素を超えた「＋αの価値」を生活者に提供することになり、それに見合う対価を得て、同時にものやサービスに対する生活者の愛着や固定的な購買層を獲得することができるとされる。

感性価値の概念は、決して生活者に近い最終製品だけのものではなく、素材・部品という川上から最終製品という川下までの広がりを持った工業製品全般、更には農産物や流通、サービス、コンテンツに至るまで、新たな日本のものづくりやサービスを考える上での普遍的に重要なキーワードであるともされている。

端的には、「技術的開発力」と「デザイン力」を引き出すことを促進することが重要であり、このような、例えば売価を元に収益を利益率で還元した金額でコストを測定する計算といった発想の計算で、価値の創造に役立つコストマネジメントが今後求められると思われる。

【注】

1) 経済産業省報告書（2007）『感性価値創造イニシアティブ～第四の価値軸の提案～』では、わが国産業は、人口減少に伴う国内の量的需要減、アジア諸国の躍進など構造変化に直面し、競争力を維持・向上させていくために差別化やイノベーションの要素を考える上で、「いい商品、いいサービスは何か」の検討が求められているとして、「作り手の感性に由来するこだわりやスピリットが、ものやサービスに息づき生活者に語り始めるとき、「もの語り」として生活者の感性に訴え、感動、共感、共鳴を得たとき、それは特別の経済価値を生み出していく」と表現している。

山本 浩二（やまもとこうじ）
大阪府立大学大学院経済学研究科教授、現代システム科学域副学域長・マネジメント学類長、地域活性化研究センター長。
大阪市立大学商学部卒業、神戸大学大学院経営学研究科博士後期課程単位取得。
日本学術会議連携会員、公認会計士試験委員、大阪府・堺市等の各種審議会会長・委員など公職多数歴任。

特集 Ⅲ

原価管理からみた「原価計算基準」の呪縛

名古屋大学大学院経済学研究科 教授
小沢 浩

Ⅰ　はじめに

　原価管理と原価計算・管理会計の関係を、時々、考えている。原価管理は、原価計算や管理会計の主要な目的だと言われる。私も、そう思って勉強したが、長い間これが原価管理に役立つという実感を得られずにいた。大学院時代、私のジャストインタイムの研究に対して、「管理会計ではない」という人もいた。私もそう思ったし、それで構わなかったが、以来、原価計算・管理会計に対して漠然とした違和感を感じてきた。私を原価計算や管理会計の勉強に向かわせたのは、この学問に対する愛着よりも、原価管理は我々の領域だと言いながら、深入りせず、時にそれは我々のものではないと排斥するように見える、この学問の正体を確かめたいという欲求であったかもしれない。

Ⅱ　原価計算基準

　疑問を解く鍵は、会計大学院の教壇で見つかった。会計には、理論と実務以外に、試験という側面がある。試験で求められるのは、正しい理論や実務的知識ではなく、教科書に準拠した答えであり、その大部分は「原価計算基準（以下、基準）」に依っている。

　基準には16カ所に原価管理の文字があり、原価管理は原価計算の目的だとも書いてある。しかし、私が期待する原価管理の姿はそこにはなかった。違和感の根源を見つけた気がした。

　基準は財務会計のための原価計算法を規定すると同時に、原価計算や管理会計を普及させるためのガイドラインとなることが要請された。また、「企業会計原則」と同様、企業の多様な要求に応えられる単一の制度であることを目指していた。この事業は、12年という長い歳月を費やして1962年に完成した。ただ、この事業がなし得たことは、決して理論の純化や精緻化ではなく、（制度であるから当然なのだが）目的の異なる計算制度の調和という、政治的合意形成であった。

　この政治的合意により、原価計算の主目的は財務会計への貢献であり、原価管理への貢献は副次的目的として位置づけられた。原価計算は原価管理のためにこそあるべきだと考える立場からは、歯がゆい限りである。

　その後、基準は試験や教科書の準拠枠となり、当初の目的通り、原価計算・管理会計の普及に貢献した。しかし、基準が浸透するにつれ、この政治的合意の曖昧さや矛盾は忘れられていってしまった。以下では、部門別計算と標準原価計算を例に、原価管理からみた基準の曖昧さや矛盾について述べる。

Ⅲ 部門別計算

　原価管理の基礎は原価の測定、つまり原価計算であり、その要は間接費の按分計算である。1909年以降、J. L. ニコルソン、E. P. モクセイなどが、製品種類が増加するなかで正確な原価を計算するには、間接費の配賦に複数の配賦基準を用いる必要があると述べ、間接費プールとして複数の「部門」を設ける部門別計算の方法を紹介した。これらの主張はわが国でも紹介された。

　当時の部門というのは、同種の機械が集められた物理的な空間（「ショップ」という）を指していた。工場には、複数のショップがあり、注文ごとに設計の異なる製品がショップ間を移動して加工された（ジョブショップ型生産）。ショップは同時に経営管理上の責任単位でもあり、原価の集計単位にもなった。

　1925年にレーマンは、運搬や修繕など、特定の場所や設備をもたない補助的「活動」も、それが資源を消費するなら「部門」にするべきと考え、「補助部門」の概念を提唱した。活動を原価の集計単位とするこの発明は革命的であった。また、「活動」は、経営部門と区別するために原価部門とよばれた。この時の部門別計算は、後の活動基準原価計算と同等の計算制度であった。

　ところが、同じ頃、マッキンゼーやシュマーレンバッハが、大規模組織を責任単位（経営部門）に分割し、各部門に費用を集計し、その金額について管理者に説明責任を負わせるという、管理会計の考え方を提唱した。これによって、一度は分離された経営部門と原価部門が混同され、活動に原価を集計するという革命的成果は曖昧になってしまった。その痕跡が、基準に残っている。

　「原価部門とは、原価の発生を機能別、責任区分別に管理するとともに、製品原価の計算を正確にする計算組織上の区分」（第二章第三節十六）

　責任会計は管理可能性に基づいて、製品原価計算は部門（活動）による資源消費に基づいて、部門に集計すべき原価を選ぶ。当然、両者の原価は異なるべきであり、これらを混同して正確な製品原価計算などあり得ない。

　このように原価計算と管理会計の融合によって原価計算の純粋さが失われ、また、能率管理に有用であるべき活動の概念は、1990年頃にABCとして再発見されるまで、埋没することになった。

Ⅳ 標準原価計算

　基準において、原価管理に資する役割は標準原価計算が担っている。標準原価設定の主目的は原価管理であるとも書かれている。

　「原価管理を効果的にするための原価の標準として標準原価を設定する。これは標準原価を設定する最も重要な目的である。」（第三章四〇（一））

　しかし、基準に書かれているのは、管理者に差異についての説明責任を負わせるための差異の算定法だけである。つまり、責任会計であり予算管理であって、能率増進に対する意識はない。

　文献史的には、1928年以降、1962年までの間に、標準原価計算に関する多くの論文が発表されたが、いずれも責任会計や予算の一種としてこれを論じているにすぎない。唯一、1960年にNECの中山隆祐が『産業経理』に「予算についての基本的な誤解」を著し、予算とは一線を画した標準原価計算のあり方を提起したことのみが異色である。基準制定後、標準原価計算に関する議論は一気に下火になるが、中山はその後も原価管理の立場から基準に異論を唱え続けた。

　また、標準原価の基礎を提供するべき動作研究については、1950年頃にMTM法、WF法が相次

いで紹介され、広く普及した。しかし、その後、今日に至るまで、これを学ぶのは技術者であって、管理会計の専門家が学ぶことはないようである。

　原価管理を主目的と標榜する標準原価計算においてさえ、能率増進と真摯に向き合ってきたとは言い難い。

V　おわりに

　かつて「原価管理とは『原価を管理する』のか『原価で管理する』のか」という表現をたびたび見かけ、そのたびに見過ごして来た。ところが、基準でいう原価管理は「原価で（事業を）管理する」ことではないか、それならば辻褄が合う、と思ったとき、この言葉を思い出し、絶句した。管理会計を学べば「原価を管理」できると思っていたとは、私のとんでもない勘違いであった。

　ならば、今、改めて、基準の呪縛を離れ、「原価を管理する」ための学問領域を確立せねばならない。その領域は、工学と原価計算の融合領域となるべきであろう。その試みとして、私は『詳解コストマネジメント』を書いてみた。原価管理の未来に向けての、小さな一歩である。

<参考文献>
小沢　浩(2010)「部門別計算における部門概念の変容」『原価計算研究』第34巻第1号。
小沢　浩(2011)『詳解コストマネジメント』同文舘出版。
山本浩二編著(2010)『わが国における原価計算の導入と発展－文献史的研究－』森山書店。

小沢 浩(おざわ ひろし)
1998年名古屋大学大学院経済学研究科博士（後期）課程単位取得満期退学。1998年名古屋大学経済学部助手、1999年西南学院大学商学部講師、2000年西南学院大学商学部助教授、2005年東北大学大学院経済学研究科助教授、2007年名古屋大学大学院経済学研究科准教授、2011年名古屋大学大学院経済学研究科教授。博士（経済学）。

青山学院大学大学院
会計プロフェッション研究科のご案内

カリキュラムの特色

「覚える会計学」から「考える会計学」へ

研究科には公認会計士・税理士・企業内会計プロフェッショナル・コンサルタント・アナリストなど、様々な目標を持った学生が学んでいます。それぞれの学生を、教育理念に基づいた健全な会計マインドを持つ会計プロフェッションとして養成するため、豊富な実績を持つ研究教員と、優れた実践スキルを持つ実務家教員が一体となって、知識を詰め込むための「覚える会計学」ではなく、自らで思考・判断・分析し、それをきちんと表現するための**「考える会計学」**を身につけさせる教育を行っています。

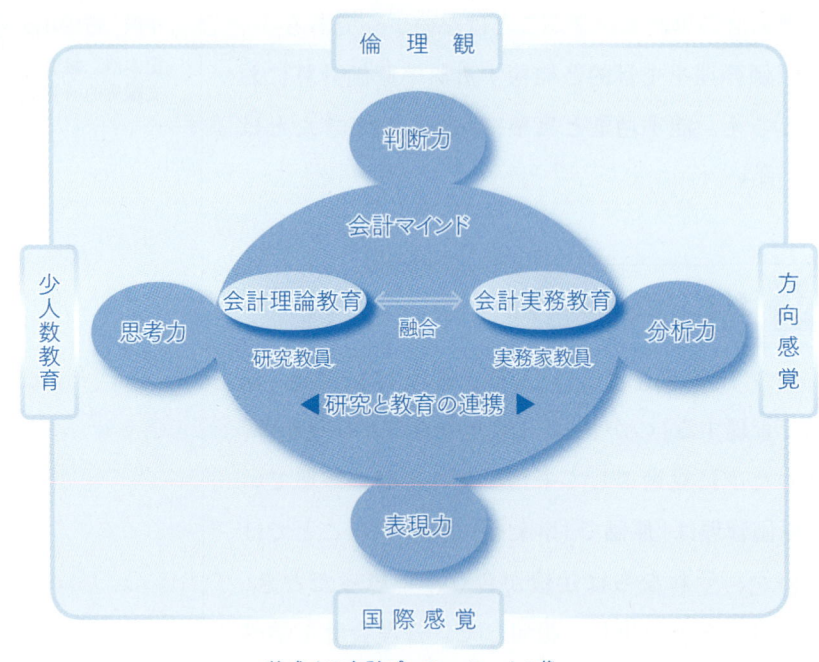

養成する会計プロフェッショナル像

広さと深さを兼備した質の高いカリキュラム

カリキュラムは7系列3段階にわたって構成され、目的に応じた履修計画のもとで、段階的に知識を深めていくことができます。また、演習や研究指導を通じて、各学生に応じたきめ細かい少人数教育体制が整っていると同時に、「エクスターンシップ」や「事例研究」によって、会計プロフェッショナルに必要な実践的経験や応用力も身につけることができます。

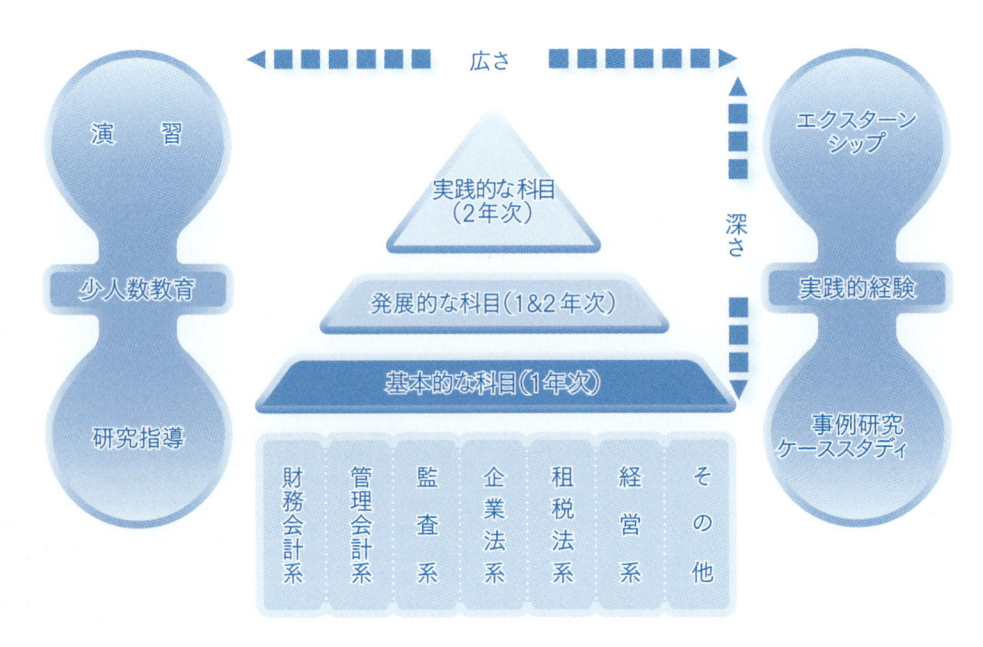

特集 Ⅳ

第11回　青山学院　会計サミット
第二部　パネル討論会

日時：2013年7月17日(水)　15:10〜17:35
会場：青山学院大学　青山キャンパス　17号館6階　本多記念国際会議場
主催：青山学院大学大学院会計プロフェッション研究科

特集Ⅳでは、2013年7月17日に青山学院大学にて開催された、第11回青山学院「会計サミット」のパネル討論会の模様を掲載する。本年度の会計サミットでは、「パブリックセクターのマネジメントと会計改革」をテーマとして、実質的に国家管理下におかれている東京電力の状況、パブリックセクター全体の会計制度の状況、政府・地方自治体の戦略経営と会計の役割、東京都における発生主義会計制度の導入とその活用状況等について知見を有する各関係者をパネリストに迎え、パブリックセクターにおける会計問題に関して、白熱した議論が行われた。

特集Ⅳ

パブリックセクターのマネジメントと会計改革

【パネリスト（報告順）】（以下、敬称略）

樫谷隆夫（ブレイングループ代表）

梶川　融（太陽ASG有限責任監査法人統括代表社員）

小林麻理（早稲田大学大学院政治学研究科教授）

副島　建（東京都会計管理局会計制度担当部長）

鵜川正樹（青山学院大学大学院会計プロフェッション研究科特任教授）

【コーディネータ】

小倉　昇（青山学院大学大学院会計プロフェッション研究科長・教授）

【司会】

多賀谷充（青山学院大学大学院会計プロフェッション研究科教授）

1. はじめに

多賀谷 それでは、これより、第二部パネル討論会を開催したいと思います。パネル討論会は、「パブリックセクターのマネジメントと会計改革」と題して行っていただきます。

この討論会のコーディネータは、本学会計プロフェッション研究科長の小倉昇が務めます。このあとは小倉先生の進行で進めていただきたいと思います。それでは、よろしくお願いいたします。

小倉 本日のパネル討論会の進行を務めさせていただきます小倉でございます。どうぞよろしくお願いします。

まず、私から簡単に今日のパネリストのお名前を紹介して、それから、皆様のお手元に今日の会計サミットのパンフレットがあるかと思いますけれども、そこにそれぞれのパネリストの方から、「パブリックセクターのマネジメントと会計改革」という今日のテーマについて、どのようなご見識をお持ちなのかを書いていただいておりますので、そのことをもう一度ここでご説明をいただく、そのような形でパネル討論会を始めさせていただきたいと思います。

パネリストは、まず私のお隣から、樫谷隆夫様でございます。樫谷様は、日本公認会計士協会の常務理事を長い間されておりまして、最近では、東京電力の社外取締役に昨年から就任された方でございます。国の政府、地方自治体、それから非営利企業、いろいろなものを広くカバーしておられますので、そういう点から、今日のパ

特集 IV

目次	1. はじめに
	2. 各パネリストからの報告
	2.1 樫谷隆夫　「公会計改革の有効性と効率性」
	2.2 梶川　融　「独立行政法人の公会計改革」
	2.3 小林麻理　「管理会計の発想と公会計改革」
	2.4 副島　建　「東京都の新公会計制度」
	2.5 鵜川正樹　「公会計改革における会計専門職の役割」
	3. パネル討論会
	3.1「国の会計と地方政府の会計」
	3.2「公会計の現状」
	3.3「フルコストの概念」
	3.4「政府会計の透明性」

（所属肩書は会計サミット当日）

ネル討論会でご意見をいただきたいと思っています。よろしくお願いします。

それから、梶川融様です。梶川様も公認会計士で、現在、日本公認会計士協会の副会長を務めておられます。梶川様も政府の公会計に長い間関わってこられたということでございます。

3番目が小林麻理先生です。早稲田大学大学院政治学研究科の教授で、日本の公会計の学会の第一人者です。よろしくお願いします。

それから副島建様です。副島様は、東京都庁に入庁後、現在、東京都の会計管理局のお仕事をされております。どうぞよろしくお願いします。

最後に、青山学院大学大学院会計プロフェッション研究科特任教授の鵜川正樹先生です。今年の4月から特任教授として我が研究科に赴任しております。よろしくお願いします。

それでは、私からはあまり詳しい紹介ができませんでしたので、まず樫谷様から、今までパブリックセクターの会計にどのように関わってこられたのか、それから、報告要旨として書いていただいたことを中心に、「パブリックセクターのマネジメントと会計改革」についてのお考えを簡単にご紹介いただければと思います。よろしくお願いします。

2. 各パネリストからの報告

2.1 樫谷隆夫「公会計改革の有効性と効率性」

樫谷　樫谷です。よろしくお願いいたします。

私が公会計と関わったのは十数年前だと思いますが、日本公認会計士協会の公会計担当の常務理事になったことからです。

私が就任する少し前から地方公共団体に外部監査制度が導入されまして、前任の高木勇三さんが一生懸命やってくださっていて、私は、そのあとのフォローをすることだけでよかったわけですけれども、そのころに、皆さんご存じのように、橋本内閣で行政改革会議ができ、中央省庁改革がありました。どういうものかというと、昔、大蔵省だったところが財務省になったり、あるいは三つが合併して

小倉 昇（おぐらのぼる）

青山学院大学大学院会計プロフェッション研究科長・教授
＜学歴・職歴＞
神戸大学経営学部卒業
神戸大学大学院経営学研究科博士課程単位取得退学
大分大学経済学部、東北大学経済学部、筑波大学大学院ビジネス科学研究科
＜主な社会活動＞
公認会計士試験試験委員（2004～2007年）
東京都地球温暖化対策報告書制度技術専門委員他（2006～2010年）
日本管理会計学会副会長（2009～2011年）
＜最近の主な著書＞
2010年　『業績管理会計』「体系現代会計学第10巻」編著／中央経済社
2008年　『スタンダードテキスト管理会計』編著／中央経済社

総務省になったり、運輸省と建設省が合併して国土交通省になったりという中央省庁、つまり本社の改革でした。

その次に、企業でいうと子会社・関連会社の整理、つまり「特殊法人」と言われている法人の改革が出てきたということであります。ちょうどそのタイミングぐらいに私が担当の常務理事になりました。

その中身は、中央省庁の中にあったものを効率化のために外出しをして、独立行政法人を作ることなどです。特殊法人は、道路公団を筆頭に、いいかげんなことをやっているのではないかとか、自己増殖しているのではないかとか、いろいろな批判がありましたので、チェックシステムといいますか、目標を決め、アクションをして、それから評価をするPDCAサイクルを整備して、ビルトインされた制度が独立行政法人という制度です。

その制度の中に、会計は「原則として企業会計原則による」と独立行政法人通則法に書いてありました。これはここにおられる梶川先生もご一緒にやらせていただきましたけれども、独立行政法人の会計は原則として企業会計原則によるというのはどう判断

樫谷 隆夫（かしたに たかお）
ブレイングループ代表、公認会計士、税理士。
日本公認会計士協会の常務理事、理事として経営コンサルティング・公会計を担当。数多くの政府の審議会・委員会などの委員長、委員を歴任、成長戦略のためのコンサルティングに多くの実績。
また、2012年6月からは東京電力（株）、日本貨物鉄道（株）の社外取締役に就任。

したらいいのか当初悩んだわけです。

といいますのは、企業の目的は利益を稼ぐこと、そのために利益がいくら出たかという計算構造、つまり損益計算構造になっているわけですが、パブリックセクターは少なくとも利益を追求する性格のものではないので、企業会計をそのまま使えるのかというようなことを、中央省庁改革推進本部から会計士協会に依頼がありまして、半年近く、もっとだったかもしれませんが、どうすればいいのかということで非公式に相当議論をしました。

半年ぐらい議論をして、ようやく先が少し見えたので、正式に「独立行政法人会計基準研究会」を作って、1年ぐらいかけて「独立行政法人会計基準」を作りました。なにしろ私自身も会計基準を作ったことがありませんし、少なくとも我が国では本格的なパブリックセクターの会計基準はどこにもない状況でしたので、「えいやっ」という部分がたくさんありまして、作り上げたときには、こんなのでいいかなと本当に内心不安だらけで作ったわけであります。

その後、何回も改定いたしまして、それが結果的に今、地方独立行政法人とか国立大学法人などにもその考え方が使われてきているということであります。そのようなことをやらせていただきました。

報告要旨にも書いてありますが、「これまでの公会計改革の状況」で私も関与する機会を得まして、独立行政法人とか、特別会計のガイドラインとか、そのようなものを作らせていただきました。

では、公会計改革は何のためにあるのかということです。報告要旨の「国民は、公会計改革に何を期待している

のか？」のところがそうですが、これは私自身が考えていることで、一般にそう言われているわけではありませんが、まず、公会計はディスクロージャーをするための会計でありますけれども、それは何のためにやるのだろうかということです。

これを企業に置き換えて考えてみますと、企業では昔は株主総会で決算書の承認をしていたわけですが、今は監査があれば報告でいいわけですが、その報告を受けて、その次に何をするかというと、株主総会で取締役を選ぶわけです。取締役を選ぶのは政権を選んでいるんだと私は言っています。つまり、任期が1年間の場合も2年間の場合もありますけれども、会社を1年間あるいは2年間任すための政権選び、つまり取締役を選んでいるということであります。

そうすると、それを公会計、パブリックセクターで考えますと、財務諸表は、それがすべてではないにしても、政権を選ぶための一つの……、今、マニフェストはもうだめだと言われていますけれども、「マニフェスト」という言葉を使いますと、マニフェストの中でそれがきちんと使えるものでないといけない。

私の問題意識は、最近はあまり言われなくなりましたが、当時、「大きな政府」とか「小さな政府」と言っていまして、その中でほとんどの政党が「小さな政府」がいいと言っていたと思います。ところが、マニフェストというか政権公約を見ますと、「これをやります」、「これをやります」、「これをやります」とたくさん書いてあるのですが、「これはやめます」とは書いてないわけです。ということは、これはどう見ても「大きな政府」です。

国民の関心は、あなたの政党はいくらで何をやってくれるのか、現状の財務状況を4年間でどう変えるのか、あるいは、それぞれの資源の配分を、4年間では一挙に変えられないかもわからないけれども、どう変えていくのか、そういうことを選挙のときに公約していただく。4年間終わってみて、もちろん1年ごとに成果がわかるわけですけれども、次の選挙に向けて、3年間ぐらいで一定の評価をして、そして、もう一度選び直すこともあるでしょうし、交代することもあるだろうと思います。

　そういう意味では、財務諸表は政権交代につながるような情報を提供するものでなければいけないのではないかと常に考えております。

　それから、企業では「管理会計」という言葉がありますが、パブリックセクターにも管理会計の手法が当然必要であろうと思います。

　私も長年、政府の委員として政府に関わってきましたが、言葉としては「最小の費用で最大の効果」とか「費用対効果」という言葉があります。法律の中にそういう言葉が書いてある場合もあります。ところが、「最小の費用で最大の効果」というときの「費用」も、それから「効果」も実はきちんとつかんでいないわけです。

　私がちょうど担当常務理事になったときに、外部監査の関係で「地方自治法にそう書いてあるでしょう」という話をしました。そうしたら、旧自治省の自治行政局行政課の係長さんが何をおっしゃったかというと、「いや、あれは枕言葉だ」とおっしゃいました。そのときは私、遠慮してまだあまり言えなかったので、「そうか、法律にも枕言葉があるのか」と思って聞いていましたけれども、そういう認識でした。

　つまり、「費用対効果」とか「最小の費用で」と言いながら全然つかんでない。「最小の費用」かどうかはわかりませんが、現状の費用をつかむのは複式簿記を導入した会計システムしかないと、私はそのときに確信をしました。

　ところが、少なくとも独立行政法人は複式簿記を導入いたしましたし、国立大学もそうですけれども、では、せっかく複式簿記を導入して財務諸表を作っているけれども、それが活用されているかというと、私も評価などをやっておりまして、極めて忸怩たるものがありますが、ほとんどと言っていいぐらい、使い切っていないどころか、使っていません。

　それは、いろいろな原因があるのではないかと思います。国の会計は予算制度で、予算を取ったらとにかく使い切らないといけない。予算をできるだけたくさん取る人が有能な官僚ですが、それをきちんと使い切ってしまうのも有能な官僚なわけです。「コスト意識がない」と私らもよく言いますけれども、これは確かに、なんとなく理解できるような気がします。

　企業でも同じですが、予算といえば、やりたいことがたくさんありますから、たくさん取りたくなります。企業でも当然、残すと次に何だかんだ言われるので、使い切ってしまおうという考え方になってしまいますけれども、企業の場合は財務諸表という決算をきちんと組むわけです。つまり、予算で評価されているのではなく、基本的に決算で評価しますから、当然ブレーキがかかるわけです。つまり、予算意識と決算意識でブレーキとアクセルがうまくバランスがとれているのではないかと思います。

　ところが、パブリックセクターはコストをつかんでいませんので、アクセルだけであって、ブレーキが壊れたようなブレーキになっていて、効率性といってもあまりインセンティブがないとか言いながら、結果的に無駄遣いをしているような気がいたします。パブリックセクターのマネジメントにもどうしても会計は必要なわけですから、管理会計を重視しなければいけないと思います。

　また、パブリックセクターだけでなく、学校法人の絡みとか、非営利の財団法人・社団法人などを含めて、非営利といいますかノンプロフィットのマネジメントは、どこでどう研究されているのかわかりませんけれども、あまり研究報告を見たことがありません。この会場には会計の先生方がたくさんいらっしゃるし、経営の先生方もいらっしゃると思いますので、パブリックセクターも含めた非営利のマネジメントはどうあるべきかをぜひご研究いただきたいと思います。

　また、今日は隣に梶川先生がいらっしゃって、今度は公会計担当の副会長ということで、おそらくそういうことをやっていただけると強く期待しておりますけれども、マネジメントそのものと非常に重要な道具であります管理会計は車の両輪だと思いますので、ぜひよろしくお願いしたいと思います。

小倉　ありがとうございました。では、引き続き梶川先生、よろしくお願いします。

2.2 梶川 融「独立行政法人の公会計改革」

梶川 梶川でございます。

私も、公会計には確たる思いもなく、15～16年前でございますか、最初は、総務庁が特殊法人の財務分析をされたいということで、当時、会計士協会でも特殊法人専門部会を急遽立ち上げて、その関係で私が参加をさせていただいたように記憶しています。

それから、報告要旨でも少し紹介していますけれども、財務省の主計局で国の財務書類をお作りになるという話で、国の財務諸表、ストック情報を整理して、あとで紹介しますが、今はそれなりの情報が出ていると思いますけれども、そのようなこともお手伝いをさせていただいたような感じです。

独立行政法人に関しては、会計基準のあと、これも樫谷先生とほとんどご一緒に、評価というテーマでずっと携わりました。独立行政法人の評価は、

梶川 融（かじかわ とおる）

公認会計士、太陽ASG有限責任監査法人統括代表社員。
1974年3月　慶應義塾大学経済学部卒業
＜現職＞
2000年7月　現 太陽ASG有限責任監査法人　総括代表社員
2010年4月　青山学院大学大学院（会計プロフェッション研究科）客員教授
＜日本公認会計士協会委員歴＞
副会長、常務理事、公会計委員会特殊法人・独立行政法人会計専門部会部会長
＜政府委員歴＞
財務省・経済産業省　予算監視・効率化チーム委員、財務省　財政制度等審議会専門委員、経済産業省・農林水産省・国土交通省　独立行政法人評価委員会委員、内閣府　行政刷新会議分科会委員（事業仕分け）、総務省　情報通信行政・郵政行政審議会委員　ほか

「メタ評価」と言って、総務省が二次評価をしますが、その前に各省ごとの評価がありまして、省ごとに関しましては、農林水産省、経済産業省、国土交通省、総務省で評価をさせていただいて、その後また総務省でメタ評価を担当させていただいたので、もちろん自分がやったところはやりませんけれども、独立行政法人の評価にはずいぶん携わらせていただいたところです。

そういったなかで、パブリックサービスにはどういう特徴があるのか。もちろん、最後は会計にも反映されていきますが、要は、受益と負担が対応していないサービスです。当たり前ですけれども、ここが非常に特徴的です。民間が提供するサービスは当然消費者にとって受益がありますし、それを料金を払って買われるわけですから、当然負担が対応しています。しかし、パブリックな組織が提供するサービスは、そういう意味ではそこの部分に大きな隔たりがあります。

ですから、そういう意味では、受益者に対して、どういう財源でどのように負担をするのか、負担のあり方について財務報告がどのような情報を出していけるのか、という点が非常にポイントになってくるのではないかと思います。これは一般非営利組織が提供しているサービスかもしれませんが、よくある保険医療・介護などのサービスも含めてですけれども、税で賄うのか保険料で賄うのかは別にして、いずれにしろ受益と負担が対応関係にないことは非常に特徴的ではないかという感じがいたします。

さらに、組織論理として、樫谷先生もおっしゃるように、アウトプットとインプットの差額を最も大きくするのが民間営利企業の行動原理です。アウトは大きく、インは小さくですけれども、とにかく差額を大きくする。そうすれば当然、普通の会社は成長したいわけですから、アウトプットを最大に出したいと考えます。

ところが、パブリックサービスの意思決定は、基本的にはインとアウトを勝手に裁量するものではなく、行政に一番近ければ基本的にインプットが予算統制されていて、その統制された予算の中で最大のアウトプットというか、この場合はアウトカムを出していくことが一番行政に近いところであるような気がいたします。

反対に独立行政法人になりますと、これはエージェンシー機能のような形で、行政より少し離して、ある一定のアウトカムを出すために、インプットを最低にしてくださいというロジックをとっているとか、実際には独立行政法人にもいろいろな性格のものがありますから、必ずしもこの論理だけではないですが、こういったインプットとアウトプットの関係が一般の営利企業と大きく異なっているところです。このへんも、このあと会計的なことを考える場合に少し違いが出てきます。

さらに一番大きな特徴は、パブリックセクターの「アウトプット」、「アウトカム」なるものは、当たり前のことですが、必ずしも金銭換算ができません。ですから、普通の会計は、成果指標とコストとをぶつけて、貸方・借方がフローの財務諸表では成立していますけれども、パブリックになりますと、組織の特徴で、アウトプット、アウトカムの金銭換算が非常に難しい部分があります。成果指標測定が非常に困難なところが、会計とその他会計以外の手続で、どのように全体効

率をマネジメントしていくかというところに非常に大きなテーマがあるのではないかという気がいたします。

もちろん、ある種の公益は、今、樫谷先生がやられている電力などは、私も今、「電力審査」と言って、電力料金についての値上げの審査をさせていただいていますが、ある程度の金額をマーケットで料金でいただいているとしても、自由な意思による競争市場でない商品は、そういう意味では大きくいうとパブリックなサービスだろうというような気がいたします。

結局、そういう形でありますと、まず、会計的にも財務上の収入だけではない。普通の会計はそこまでは困難ですが、社会的な便益提供に対する評価をどのように行い、そしてコストとぶつけてくるかという大きな特徴がございます。

パブリックセクターは、独立行政法人もそうですけれども、「評価」、「評価」と言って、「評価疲れ」などと言われるぐらい重層的に評価をしていきますけれども、逆に評価のむなしさもありますが、評価をやり続けないと全体の組織パフォーマンスが出てきにくい感じはするところでございます。ですから、パブリックサービスを提供している組織体には、非財務的な評価と財務的な数値の作り込みという問題がつきまとうものではないかという気がしています。

そういう観点から考えますと、民間の営利企業は、ほとんどの場合にサービスを市場で交換しますから、そこで消費者とステークホルダーは、もちろん民間でも消費者はステークホルダーですが、消費者としては企業そのものの財務体質にコミットメントする部分は、市場の競争原理で交換するところ、市場で売り買いするところで少し切れる部分があります。

ですから、一般的な企業会計の場合には、ステークホルダーはもちろん広くありますけれども、一番のステークホルダーは、財務諸表の有用性は誰にあるかというと、特に財務会計では潜在投資家を含む投資家、財務会計の概念フレームワーク的に言えば投資家となりますが、パブリックセクターの場合にはその切れがありませんので、受益者も資源提供者も税金を払う人も、税金を払う人といったら国民全部に近いですから、いろいろな方がステークホルダーとして存在しています。この特徴はすごく大きくて、パブリックセクターの財務を見たい人は、実は本当は一般の企業会計よりもはるかに多くの利害関係者がおられるのだろうと思います。

なおかつ、その見方にはいろいろな観点があって、一般の企業会計であれば利益が出れば投資家は喜びます。私はよく、「麻薬を売ったり、人身売買さえしなければ、利益が出ている会社は褒められ、かつ、長期間にそれが維持できるのであれば、結果マネジメントもうまくいっているのだ」と言ったりします。もちろん、社会的責任等々はありますけれども、それは法令遵守とかそちらの世界に近いところがあります。

ところが、パブリックセクターには多くの価値観があって、パフォーマンスインディケーターがどちらに振れたらいいかについて、税金が余ればいいと思う人もたぶんいないと思います。それから、B/Sとして作られたときに、そのB/Sの資産が多い方がいいのか、負債が多い方がいいのかも、世代間の格差のような問題になります。世代間負担の問題になって、借金などそんなになくていいと思う人もいれば、ある程度借金があっても、今は社会のインフラはきちんとしているのだからここまでの借金はしておいてください、私はこれでいなくなるからと思う方もいます。

パブリックセクターのB/Sは世代間負担の公平性のようなものも表現するものですから、見る方によって、どちらの方向がいいのかは一概に言えない部分もあります。これはパフォーマンスインディケーターでもたぶん同じで、損益計算書というのか、行政コスト計算書というのか、いずれにしろ差額を出した場合に、ある方がいいのか、ない方がいいのか、これはいろいろな観点があるような気がいたします。

そう考えた場合に、予算統制という原点から始まって、ある意味では管理会計的な要素はパブリックセクターの会計の中には潜在的に存在しているのではないかと思います。

そういう意味では独立行政法人も、非常に管理会計的な要素を入れて、売上というかたちで成果指標を無理に擬制したものですから、これが作り上げられたときには、一般の企業会計をやっている方からもたたかれ、逆にそうではない方からもわかりづらく、どちらから見てもわかりづらい会計にはなりました。けれども、今申し上げたような根源的な要素があるものですから、何とか財務諸表の中で管理会計的な見方をしてパフォーマンスを出そうと思ったばかりに、なにしろわかりにくい話で、作った本人も二月経って議論をすると違うことを言ったりするような話になっているところはありますけれども、そのような要

素は非常に特徴的な部分であるような気はしております。

　そういう意味では、多くの方がマネジメントにコミットメントする部分がありまして、そのへんは今後考えていかなければいけないと思います。要するに、パブリックの財務諸表は、作り手としての論理はできてきていると思いますが、実際に読み手が何を読みたいのかという意味では、読んで、評価して、それがどのように受益者の皆さんの関心につながっていくのか、そのような意味で、私はこれから協会でパブリックセクターと民間非営利のセクターを担当するなかで情報媒介者の役目を果たしていかないといけないと思っています。結局、誰も関心を持って読んでくれない財務諸表は進化のしようもないだろうという気がすごくしております。

　結局、財務諸表にそういう読み手が出てきて、情報についての信頼性が欲しいということで、信頼性の付与というテーマになりますが、パブリックのマネジメントの質を高めていくには、多くの国民の方が関心を持つための情報仲介者の役割がとても重要ではないかと今すごく感じているところです。財務諸表を実際に読んで「わからない」と言われれば、その部分をまた財務情報として提供していくというトライアングルの循環がないといけないですし、作る人、読む人、そして信頼性を付与し評価をする私ども、この形がとても重要ではないかという気がいたします。

　それから、パブリックでは、財務情報全体を集計したときに、それなりに意味はありますけれども、全体と個別のセグメントとか、さらにセグメント中のさらにプロジェクトとか、全体と個の関係もまた、とても難しさがあるような気がします。

　実は、私は4年ぐらい前の福田内閣のときに、「行政支出総点検会議」なる予算項目を点検する会議の委員をさせていただいて、そのあと、民主党が「事業仕分け」なる派手なパフォーマンスをして、それにも参加させていただいて、その後も、隣におられる小林先生とご一緒に、「行政事業レビュー」なる各省別の小さな仕分けをまだ続けさせていただいていて、自民党もこれだけはまだ続けています。

　これは個別の予算の評価なり合理性の話ですけれども、これをやらせていただく過程の中ですごく感じたのは、私は最初は民間だけやっていたものですから、予算は、民間で言えばある意味では見積りであり、マネジメントの目標、ターゲティングですけれども、パブリックの場合、予算は財源です。予算のところで一つのストーリーを持って財源を取るわけです。今はずいぶん変わってこられたような気がしますけれども、一番最初に仕分けを見させていただいたときに、予算のストーリーはありますが、その実績はというと、多くの高級官僚の方は「実績、どうだったかなあ」というような感じの目をされていたことを非常に印象深く覚えています。

　これは失礼な話になってしまってはいけないですが、これは財政の民主主義からきているので、予算を超過しては使えませんから、見積りと実績をぶつける意味自身が、たぶん民間の企業とは全然意味合いが違うわけで、予算は予算どおりに消化されるので、予算と実績はほぼニアリーイコールになるのが宿命だったと思いますが、そのへんについても、官と民と法律と一般事業の違いをすごく感じるところがありました。

　そのような観点で考えますと、全体と個の予算の継続的な評価といったものをあわせて考えていかないと、パブリックの財務情報がより有効になっていくことは難しいのではないかという感じがいたします。最後に強調したいのは、先ほど言った、パブリックの財務情報をいかに読み込んでそれを社会に発信するか、ここがとても重要ではないかと今のステージでは思うところでございます。

小倉　どうもありがとうございました。パブリックセクターと社会をつなぐ役割という点も非常に重要だと思いますので、後ほどまた議論をさせていただきたいと思います。

　引き続きまして、小林麻理先生に同じようにご説明をお願いしたいと思います。

2.3 小林麻理「管理会計の発想と公会計改革」

小林　小林でございます。

　今、両先生から、我が国のパブリックセクターのマネジメントの大きな課題をありとあらゆる観点から言っていただきました。構造改革以降、多くの改革がいろいろな形で進められてきたわけですが、それらに両先生がコミットしてくださった中でのいろいろな知見が整理されていたかと思います。

　私は、もともとは法律を勉強していましたが、その法律の観点からも、公会計はすべての人がステークホルダーになりうるので、会計は企業会計だけでなく公会計が重要だという観点で管理会計を研究してまいりました。企業の先端的な管理会計がパブ

リックセクターの中にどのように適用できるのかという観点で、両方の研究を進めてきたところです。

もともとの研究は、アメリカを取り上げておりました。アメリカといいますのは民の国で、もともと政府がなかったところですから、政府が行うことは非常に限定されていました。連邦政府でも地方政府でも、彼らのカウンターパートは常に企業であるということで、例えば企業がトータル・クオリティー・マネジメントを実践すると、トータル・クオリティー・マネジメントを政府に適用するにはどうしたらいいのかを研究するというようなことでした。

アメリカの場合は、1970年代ぐらいから、地方政府も連邦政府も戦略計画を策定しておりました。「戦略」という言葉は日本も米国や英国に倣って使い始めていますけれども、地方政府の場合に戦略計画を作るということは、政府がおかれている重要な環境を精査して、その中で方向性を決めていくことですが、その中でのマネジメントは「マネージング・フォー・リザルツ」と言って、成果を目指した管理という考え方です。これはまさにPDCAで、プラン、バジェット、マネージ、リポートが要素となります。梶川先生が強調なさったとおり、この四つのサイクルの中で何が一番重要かというと、やはりリポートが一番重要です。

なぜかというと、リポートの中には、納税者も受益者も含め、すべての人たちが何をサービスニーズとして望んでいて、それを政府がきちんと合理的なコストで提供して、みんなが十分満足しているのかをリポートするわけだからです。

その中には、もちろん財務書類のリポートもありますけれども、成果のリポートもあるわけです。例えば安全の認知度が過去10年間でどうなったのか、安全が高まったのかそれとも悪くなったのかがわかりますし、そこに何が投入されているのか、警察官が投入されているとか、その警察官の退職給付や年金の債務がけっこう大きくなっているとか、そのような非財務の情報と財務の情報を連携した報告が行われます。

連邦政府も地方政府もそういう努力をしているわけですけれども、これは何を見ているかというと、リーダーつまり読み手を見ているわけです。そして、読み手にとって理解可能でなければならないし、タイムリーでなければならないし、目的適合的でなくてはいけない、というような原則を明確にしているわけです。

ところが、我が国は、国でも地方でも発生主義に基づく財務書類を作り始めていますけれども、では、それは国民あるいは住民に対して何を説明しているかというと、その原則が今はないわけです。ですから、やはりジェネラリー・アクセプティド・アカウンティング・プリンシプル（GAAP）のようなコンセプチュアルなものを作っていかないといけない。その責任をどこが持つのかが、また我が国においては非常に紛糾するところでありますけれども、そのような原則を作っていくことが必要であるという段階にきております。

ですから、様々なマネジメントの改革には取り組んでいるけれども、それが一定の目標とするところを目指して体系化されているかとなると、なかなかそうは言えないような状況ではないかと思います。

もう一つ考えなければいけない大きなことは、構造改革以降、いわばNPM的な、ニュー・パブリック・マネジメントの考え方のように、企業会計とパブリックセクターの会計は違うものではない、行政管理は違うものではない、企業会計の方式が適用できる、というところでアウトプット志向にならなければいけないというようなコンセンサスは、皆さん全然異論がないところだと思います。では、アウトプットの測定をどうするのかとか、インプットを全部原価でフルコストで集計できるのかとなってくると、その精緻化が十分にはなされていないところに問題があります。

それから、現在、企業にとってもパフォーマンスは利益だけではないかもしれませんし、サステイナビリティーを求めていろいろなことを測定しなければいけないかもしれませんが、一次的には利益が財務パフォーマンであり、明確です。パブリックの場合にはその意味で、パフォーマンスを何で測定していくのか、そこにも一定の共通した尺度あるいは個々のサービスに適合したそれぞれの尺度

小林 麻理（こばやしまり）

早稲田大学大学院政治学研究科教授、早稲田大学パブリックサービス研究所長。専攻：公会計、管理会計。博士（商学）早稲田大学。
財務省財政制度等審議会臨時委員、官民競争入札監理委員会委員、民間資金等活用事業推進委員会委員などを歴任。日本地方自治研究学会常任理事、国際公会計学会常務理事、国際ビジネス研究学会理事、非営利法人研究学会常任理事　など。
（2013年7月31日現在）

が設定されていないところに大きな問題があると思います。

これは地方自治体のレベルでも行政評価を実施されて、たいへん真剣に取り組まれていますけれども、行政評価の中でも、その尺度が共通化されていないから、比較可能でもないしベンチマークもないということで、改善努力が促進されるかというと、促進されない状況になっていることが一つの大きな問題であると思います。

このニュー・パブリック・マネジメントの改革に続けて、例えば前の民主党政権の中で「新しい公共」というようなことが言われ、UKではブレア政権のときに「第三の道」ということが言われましたけれども、もう一つ考えていかなければいけないのは、パブリックセクターのマネジメントというときに、ミクロなマネジメントももちろんありますが、パブリックセクターというか、市民社会全体のマクロのマネジメントもあることです。マクロのマネジメントの中には、すべての人たちがプレーヤーで入ってくることになります。つまり、企業も入ってきますし、NPOのような市民セクターも入ってくることになります。

現在、市場化テストなども実施されていますし、PFIも推進されていますので、そこでは企業などとの連携が必要かつ重要になってきます。そうすると、一定のアウトカムを達成するために、そういうセクターとどのように連携していくのかも大きな問題になってくるということです。

つまり、マーケットメカニズムとの関係性をどうとっていくのか、パブリックセクターのマネジメントの中でマーケットメカニズムをどう取り込んでいくのか、あるいはマーケットメカニズムとどう連携していくのかが非常に重要になってきます。それが適切・適正な連携関係になれば、ひいては、PFIでも、市場化でも、国民が最終的に受け取る便益が最大化されるだろうということです。理論的に言うのは簡単ですが、そこでどのように連携を図っていくかといったところに大きな課題があるということです。

両先生がおっしゃっていたとおり、コストの認識も、今までのパブリックと民間企業では、まだ乖離がずいぶんあります。コストに算入するものと算入しないものの範囲についても、例えば企業はリスクもコストに反映したりします。あるいは金利といったものも、もちろん資金調達のコストもコストの中に入ったりします。それがパブリックの中では入っていないから、それらをパブリックではどのように認識していくのかも重要な課題になってくると思います。

今、地方の自治体ではいろいろな会計基準が使われていまして、隣にいらっしゃる東京都さんのように先進的なところもあります。東京都さんの財務書類の体系のベースは国際公会計基準の考え方をとっていらっしゃると思いますが、国際公会計の考え方では、損益計算書の最終的なボトムラインを「ファイナンシャル・パフォーマンス（財務業績）」と言っています。つまり、先ほど、梶川先生から、受益と負担の会計は交換取引ではないという話がありましたが、まさしくそのとおりで、歳入と歳出の関係は収益と費用の関係とパラレルではありませんが、いわゆる企業で言えば収益と費用との差額であるボトムラインと言われているものが、国際公会計基準でも「財務パフォーマンス」と言われているわけです。

「財務パフォーマンス」の意味を私なりに考えますと、これは収益説の考え方に立つと考えられるかもしれません。つまり、自治体がいいマネジメントをすれば、いいサービスを求めて、いい住民やいい企業が入ってくる、そして合理的なバリュー・フォー・マネー＝税金の負担で一定水準のサービスが受けられるのでそれを選択する住民が移動してくる、そうすると自然と租税収入も上がってくるということで、自治体が経営をよくすれば、それが良い循環になってくる。「財務パフォーマンス」と言われるとおり、それは企業とアナロジーになっていますけれども、非常にいい経営ができる、いい経営ができると売上も増える、そのような関係になってくるわけです。

そういう環境に日本があるかどうかはまた別の問題になりますけれども、そういう観点からパフォーマンスを考えていくことも一つの見方としてありますし、連邦政府が「財務パフォーマンス」という場合には、効率性と有効性で考えればアウトカムを非常に合理的なコストで達成しているということだと思います。

政府が価値を提供するときには何が重要かというと、連邦政府でいうと「効率性と有効性のコンビネーションである」と言っているわけです。つまり、先ほど最初に樫谷先生が言われた「最少の費用で最大の効果」ということです。それを連邦政府も言っていて、価値の実現は効率性と有効性のコンビネーションによって達成されるということです。

この観点をパブリックセクターのマネジメントにはぜひ入れていかな

ければならない。その点で、PFIとか市場化というときには、参入してくるプレーヤーである企業ともすべての人とも、最終的に実現すべきアウトカムの価値を共有する必要があるわけです。

これは企業の管理会計でも常識的なことで、すべての組織構成員は目的の実現に方向づけられなければいけないということです。パブリックセクターにおいてはオープンシステムですので、ここでいう「すべての組織構成員」は「すべてのステークホルダー」であり、すべてのステークホルダーが大きな目的に方向づけられて初めて価値実現ができて、いいマネジメントができるということです。

ですから、その場合には、アカウンタビリティと、マネジメントコントロールあるいは「スチュワードシップ」という言葉で言い換えてもいいかもしれませんが、その二つがパブリックセクターの改革あるいは会計改革にはビルトインされなければいけないと考えております。

小倉 ありがとうございました。それでは副島様、よろしくお願いします。

2.4 副島 建「東京都の新公会計制度」

副島 東京都会計管理局の副島と申します。本日、私からは、東京都が取り入れております新公会計制度の取組みと課題についてお話をさせていただきたいと思います。

東京都では、1999年（平成11年）の4月に石原知事が都知事に就任いたしまして、その直後から貸借対照表を試作いたしまして、2001年（平成13年）の3月には「機能するバランスシート」を公表しております。これは従来の官庁会計決算を手作業で組み替えまして、貸借対照表、損益計算書に相当いたします行政コスト計算書またキャッシュフロー計算書を作成したものです。

このときに既に、連結財務諸表や、当時問題となっておりました多摩ニュータウン事業あるいは都営住宅事業などの事業別の財務諸表も作成いたしました。

この取り組みにつきましては、事業の見直しですとか、いわゆる隠れ借金の存在も明らかになるなど一定の成果を上げたところですが、「機能するバランスシート」につきましては、先ほど申し上げたように、決算を組み替えていますので、まず財務諸表としての精度が低かった、あるいは、いわゆる官庁会計決算ができてから作業に入らなければならなかったので作成に非常に時間がかかった、また、事業ごとの財務諸表を作ることは可能ではありますけれども非常に困難で手間がかかった、という問題がありました。

そこで、2002年（平成14年）になりますけれども、都議会の提案などもありまして、本格的な複式簿記・発生主義会計の導入を決断したという経緯がございます。その後、庁内に検討委員会を設けまして、専門家の意見を聞きながら、システムの開発あるいは会計基準の策定に取り組みまして、2006年（平成18年）の4月、平成18年度から本格稼働いたしました。

東京都の導入いたしました新公会計制度の特長を簡単に申し上げますと、これはあくまでも従来の官庁会計に複式簿記・発生主義会計の考え方を加えたものですから、まず1点目といたしましては、本格的な複式簿記・発生主義会計の導入によりまして、財務諸表を迅速かつ正確に作成できるのが特長でございます。

2点目は、個別事業の財務諸表等を作れる仕組みを作りましたので、様々な活用が可能となります。これは後ほどまた説明いたします。

また、税収を行政コスト計算書に収入・収益として計上するなど、国際公会計基準ですとか企業会計の考え方にも近く、一般的にわかりやすくなっていることでございます。

さらに、導入にあたりまして、ほとんど無の状態から新たに「東京都会計基準」を作成いたしましたけれども、これはいわゆる複式簿記・発生主義会計による公会計のルールを定めたものでございまして、企業会計になるべく近いものというコンセプトを持ちつつ、その一方で公会計特有の事情を考慮したものとなっております。そういったことから、いくつかの特質・特色を有するものです。

東京都会計基準の特色について若干説明させていただきますと、第1点目としては行政の特質を考慮したものということです。行政と民間企業では存立目的が違います。また、行政は、道路などのインフラ資産のように売却できない資産を数多く持っている

副島 建（そえじまけん）
東京都会計管理局会計制度担当部長。
1986年3月　中央大学法学部卒業
1986年4月　東京都庁入庁
2007年4月　主税局税制部税制課長
2010年7月　立川都税事務所長
2012年4月　会計管理局会計制度担当部長（現職）

こともございます。また、先ほどもありましたように、主たる収入の税と個々の行政サービスは対価性がないといった違いがあります。

これらを踏まえて、例えば貸借対照表の「純資産」は「正味財産」という表示をしております。また、「固定資産」の勘定科目につきましては「行政財産」ですとか「普通財産」あるいは「インフラ資産」という分類を採用しております。それから、税収につきましては、先ほど申し上げましたように行政サービスとの対価性はないですが、「税収」を「行政サービスを提供するための財源」と定義いたしまして、行政コスト計算書に計上しております。

特色の2点目としては、財務諸表を都民・住民にとってわかりやすいものとしております。具体的に申し上げますと、企業会計との整合性をなるべく図りまして、その比較が容易なものにしております。また、具体的な会計処理面では、日々仕訳するシステムを導入したこと、また、資産評価には原則として取得原価主義を採用していること、また、財務四表の様式につきましては、企業会計になるべく近いものを意識して作りました。

特色の3番目ですが、先ほど特長のところでも申し上げましたけれども、個別の事業改善に活用できる財務諸表を作っております。東京都では、財務諸表作成の最小単位を予算体系の款・項・目の「目」としていまして、それを予算体系に沿って積み上げるような形をとっております。東京都の最大の組織単位は局ですが、私がいるのが会計管理局で、そのほかに建設局や福祉保健局という局がありますが、こうした局別ですとか、一般会計・特別会計の会計別、さらには局別の会計別ということで、作成が可能ということでございます。

それに加えまして、日々の仕訳のときに管理事業コードを入力することで事業別の財務諸表を作成することができます。これによりまして、例えばストック情報やコスト情報を反映させた事業評価が可能となるなど、活用を考える上で東京方式の非常に大きなメリットとなっています。

さらに、特色の4番目といたしましては、会計実務上の対応が可能であることがございます。これは、先ほども申し上げましたように、現行の地方自治法の枠組みの中で複式簿記・発生主義会計を導入する取組みとなっておりますので、今、役所はどこも会計システムが入っていますけれども、その会計システムで日々の仕訳の入力をする際に職員が非常に簡単に処理できるように、具体的に言うと、通常の処理プラス三つぐらいのコードを入力するだけでできるようなシステムを導入いたしまして、職員の日常業務になるべく負担がかからないようにしたことがございます。

そのほか、出納整理期間がありますので、そういったものを考慮するとか、あるいは地方自治法上の財産と貸借対照表上の資産は原則一致させることなどをやっております。

また、例えば減価償却につきましては、取得の翌年度から一括して行うですとか、現在、東京都の場合には、リース会計ですとか、固定資産の減損会計などについては、適用しない扱いをしているということで、今のところ、会計実務上それほど難しくなく導入できるようなシステムとしているところでございます。

では、なぜ、東京都は新公会計制度を導入したかですけれども、われわれは、これにつきましては、通常「四つの欠如」という説明をさせていただいております。「四つの欠如」と申しますのは、もともとの官庁会計に欠如している四つのものということですけれども、ストック情報の欠如、コスト情報の欠如、アカウンタビリティの欠如、マネジメントの欠如でございます。

若干詳しく説明させていただきますと、これまでの官庁会計では、現金以外の資産ですとか、負債などのストック情報がありませんで、また、金利や減価償却費も考慮されていないということで、事業やサービスの真のコスト情報もなかったということで、そのために住民や議会に総合的な財務情報が提供できなかった、また費用対効果分析による正確な事業評価なども行えなかった、ということです。

新公会計制度を導入することで、まず、正確なストック情報とフルコスト情報を得ることができた。その上で、東京都では、例えば作成した財務諸表を決算の参考書として都議会に提出し決算の審議に活用するとか、また、民間企業でいうところのアニュアルレポートに相当する年次財務報告書を公表する。そういったことで住民、議会へのアカウンタビリティの充実を図っております。また、新公会計制度をツールとして活用することで正確な事業評価を行いまして、事業の効率性ですとか、施設の有効活用を検証して、それを予算要求に活用していくことでマネジメントの強化を図ってきているということでございます。

今後の課題ですけれども、報告要旨にも書いておきましたが、今現在、

東京都でやっているやり方のほかに、総務省で改訂モデル、基準モデルということで二つのモデルを提示されています。また、その他、独自の方式でやられている自治体さんもございまして、今、地方自治体には統一的な会計基準がありません。そこで、なるべく速やかに統一的な会計基準を策定すべきであると考えております。

現在、総務省に「今後の新地方公会計の推進に関する研究会」がありますが、そちらでもそのあたりを議論しているところでございまして、この研究会に、自治体としては東京都と大阪府がオブザーバーで出席をしておりますけれども、こうした統一的な会計基準の策定に向けて、東京都としても議論を進めていきたいと思っております。

東京都と同じ方式は、現在、東京都も含めまして、大阪府、新潟県、愛知県、大阪市、吹田市、都内では町田市、江戸川区ということで、全国8団体でやっているわけですが、この8団体で「新公会計制度普及促進連絡会議」を設置しておりまして、東京都と同じ方式の普及に向けた取り組みを行っているところです。

また、昨年の11月には、この連絡会議でセミナーを行って、そのときには450名ほどの参加がありましたが、そうした取り組みをさせていただいているところです。特に、平成24年度決算から、基礎的自治体としては町田市さんが初めて、今、決算をやっているところですけれども、町田市さんにつきましては、公会計制度改革とあわせて予算制度改革などもやっておりまして、そうした新たな取り組みをしているといったこともセミナーでは紹介をさせていただいております。

これは私どものホームページに報告書が載っておりますので、もしご興味のある方はご覧いただきたいと思います。

最後になりますけれども、公認会計士さん等会計専門職との連携ですが、発生主義に基づきます公会計制度の整備ですとか運用にあたりましては、会計専門職の方々との連携が不可欠だと考えております。

東京都では、制度導入時に公認会計士の先生方による「東京都の会計制度改革に関する検討会」も設置しておりますし、また、制度導入後につきましては「東京都会計基準委員会」で、公認会計士の先生方から、新たな会計基準の策定ですとか制度運用に関する助言等を受けているところです。

新公会計制度の整備・運用にあたりましては、行政の特質を考慮しつつも、民間企業の会計手法を取り入れていく必要がございまして、今後も公認会計士の先生方等会計専門職との連携が不可欠であると考えております。

小倉 どうもありがとうございました。

それでは、最後になりましたけれども、鵜川教授から今までのお仕事の話とパブリックセクターの会計に関するご見識をお願いいたします。

2.5 鵜川正樹「公会計改革における会計専門職の役割」

鵜川 鵜川でございます。どうぞよろしくお願いいたします。

私は、東京都の公会計改革には2000年から支援させていただいておりまして、その後、町田市と江戸川区の公会計改革を支援させていただいておりますので、そういった実務的な面から少しお話をさせていただければと思います。

東京都におきましては、石原知事が知事の選挙公約に、国や自治体にはバランスシートがないということで、東京都から財務諸表を作ろうということで始めたわけです。当時はもちろん官庁会計だけであって、今のようなバランスシートとか行政コスト計算書はありませんでした。石原知事がおっしゃったのは、運輸大臣でいらっしゃった当時、国会で決算の承認があると2年前か3年前に作られた決算書を承認するが、そのときは自分自身は大臣もやっていなくて、そういった過去のもので決算審議をしていて予算に全く活用されていないとずっと思っていた、自治体でも財務諸表を作って行政の改革に活用したいという思いがあった、ということでした。

それで、私どもは、当時の公認会計士協会会長の中地先生と一緒に「機能するバランスシート」を作りました。

鵜川 正樹（うかわ まさき）

青山学院大学大学院会計プロフェッション研究科特任教授、公認会計士、税理士。慶應義塾大学経済学部卒業、中央大学専門職大学院国際会計研究科修了、中央大学大学院商学研究科博士課程修了。会計学博士。
武蔵野市役所、監査法人中央会計事務所、バークレイズ信託銀行を経て、監査法人ナカチ社員、現職。
総務省「今後の新地方公会計の推進に関する研究会」委員、財務省「財政制度等審議会 財政制度分科会法制・公会計部会」臨時委員、東京都「会計基準委員会」委員、日本公認会計士協会公会計委員会「地方公共団体監査専門部会」専門委員　など。著書に、「自治体経営と機能するバランスシート」（共著、ぎょうせい）、「自治体会計の新しい経営報告書」（共著、ぎょうせい）など。

「機能する」というのは、作っても神棚に置いておいてはしょうがない、財務諸表は使わなくてはいけない、ということです。「機能するバランスシート」は、いわゆる普通会計の決算統計を組み替えた財務諸表、それから、連結の貸借対照表と、事業別財務諸表を作りました。

最初に作った多摩ニュータウンの事業別バランスシートは、税金を投入して土地を再開発して民間に販売して税金を回収するという事業ですけれども、官庁会計は収入と支出しかありませんので、そこにどのぐらいの税金を投入して、どのぐらいで土地が売れたのかといった会計情報がなかったわけです。そこで、バランスシートを作って財務状況を見たところ、最終的に1,000億円ぐらいの税金の回収ができないことがはっきりしたわけです。そういった事例が1年目にありました。

2年目は、いわゆるハコモノ文化事業として、東京都江戸博物館や、東京国際フォーラムを取り上げました。そういう施設の土地と建物は東京都が持っていて、施設の運営だけを外郭団体で行っているものです。例えば東京フォーラムであれば、都の財団が経営していましたが、非常に収益がよくて、黒字だったわけです。そのため、その団体は非常にいい経営だと評価されていましたが、よくよく考えてみますと、土地・建物は東京都が持っていまして、それを無料で借りてハコモノの運営事業をして、利益が出て、なおかつそこから国に税金を払っていたということで、これはいったいどういうことか、きちんとしたコスト計算をしなくてはいけないということになりました。実際に減価償却費や金利などのコストを計算しますと、黒字ではなく、とても大きな赤字になるわけです。

そういった事例を見たときに、石原知事の判断で、きちんと複式簿記を導入して、各所管課が自分たちでデータをシステム的に作って、自分たちで自分たちの事業を見直して、経営判断をしなくてはいけないということを決めたわけです。そういう意味では、会計の使い方としましては、まさに管理会計というのでしょうか、数字を自分たちの経営の中に取り込んで、それで事業を見直すためにシステム化をしたような経緯があります。

ちなみに、東京フォーラムの場合ですと利益が2〜3億円出ていまして、税金も払っていましたけれども、現在ではその分は都から外郭団体に対するリース料として、いわゆる賃借料をもらって収支をゼロにするようなかたちになっております。

東京都ではもともとマネジメント目的で複式簿記を導入したわけですが、現在、ほかの自治体の状況を見ていますと、例えば決算統計を組み替えるとか、あるいはデータを一括変換して財務諸表を作るとか、開示目的の財務諸表を作っていますけれども、あまり活用がされていない。また、会計基準という視点で見ますと、非常に特有な考え方になっておりまして、なかなか理解できないところがあります。

私は、会計は、個人の発想といったものではなく、基本的な会計実務や、あるいは会計の論理といったものの中で醸成されていくものだと思います。なかなか普及はしないし理解もできないといったことが続いていたわけですが、総務省では3年ぐらいから研究をしていましたけれども、最近になりましてやっと、統一的な会計基準を作ろうという動きになってきております。

統一化の大きな要因としましては、民間企業は複式簿記・発生主義を導入しているわけですけれども、自治体の場合は官庁会計を組み替える方式を使っていまして、複式簿記を導入していないわけです。そうしますと、取引の検証可能性がないし、財産台帳があまり整備されていないわけです。

皆さんは意外な感じがするかもしれませんけれども、自治体が持っているいろいろな施設や道路、橋梁のようなものの台帳あるいはストック価額のデータが実はあまり整備されていなくて、そういった内部統制というのでしょうか、きちんと財産管理ができるようなシステムがまず必要です。そのためには、複式簿記を導入して財産台帳を整備すると、その中で初めて財産管理と予算執行の相互検証というのでしょうか、内部統制の機能が生じてくるわけです。そういった必要性があることが研究会でも共有の認識になりまして、そのためには統一的な会計基準を作って、基本的にはすべての自治体に対して、複式簿記と財産台帳を整備していこうというような認識で進んできているわけです。

私がずうっと東京都等の支援をしていて思いますのは、会計改革の場合に会計基準の問題も重要な課題ですけれども、会計制度改革のプラットフォームというのでしょうか、インフラというのでしょうか、会計制度改革をもう少し全体的に考えてみる必要があるのではないかと思っています。

例えば財務諸表の作成を法的に義務づけるとか、あるいは、財務会計システムにつきましては東京都が非

常に独自のものを開発しまして、日々の仕訳ができるとか、いろいろな事業別の財務諸表を作るようなシステムを作りました。おそらくこれは日本で初めてのシステムでありますし、海外にもあまりないかもしれません。そういったものを使って財務マネジメントを改善していこうということができるわけです。

財務マネジメントの改善ですけれども、一つは、財産管理と予算執行をきちんと相互検証し、内部統制ができるようなシステムが必要です。それから、特にインフラ資産については、これからは維持・更新が非常に大きな財政需要になります。そういった長期的な維持・修繕データをきちんと蓄積して10年後20年後の施設の更新の予測をするとか、あるいは固定資産の活用について無駄がないかどうか全庁的にチェックするとか、そういったことが可能になっていくわけです。

さらに予算改革につきましては、東京都、大阪府、町田市等も取り組んでいますけれども、自治体の場合は予算制度が大きな比重を占めていますので、そこに会計情報を組み込んで事業の意思決定や行動を変えていかなくてはいけないということをやっています。これはソフト部分ですけれども、そういったソフト部分を支援するような仕組みも必要だと思います。

さらに、会計監査の導入も必要でしょう。東京都では財務諸表につきましては監査事務局による定期監査を実施しておりますけれども、これは企業会計における会計監査の保証水準まではたぶんいっていないと思います。誤りがないといった、もう少し保証水準の低いものかと思います。今後は、自治体における監査の保証水準とか、あるいは業績監査のあり方とか、そういったことが大きなテーマになってくると思います。会計の専門家あるいは大学の先生方の知見を活用して、会計監査あるいは業績監査についてより深く研究していく必要があると思います。

最後に、住民への情報公開ですけれども、東京都は、年次財務報告書と主要施策の成果を公表していますが、今後は、サービス提供の努力と成果というのでしょうか、どれだけの税金を使ってどれだけのサービスを提供してきたか、財務情報・非財務情報を合わせたもう少し詳細なものを提供していく必要があるのではないかと思います。

3. パネル討論会
3.1「国の会計と地方政府の会計」
小倉 どうもありがとうございました。5人のパネラーの方から、パブリックセクターの会計に関するそれぞれのお考えをかなり詳細に述べていただきました。

一口に公会計といっても、国の会計制度と地方自治体の会計制度の話を一緒にしていいのか、あるいは政府会計と独立行政法人や公共企業の会計制度の話を一緒にしてもいいのかというところは若干引っかかっております。

例えば新聞とかテレビの報道では「政府会計に発生主義会計を持ち込む」というような表現で切り捨てられますけれども、それは貸借対照表を作ったからといってそれですむ話なのか、あるいは費用計算書の中で、いわゆる企業会計でいう資本的支出と費用的支出をきちんと区別するような費用計算書の作り方がされているのか、おそらくジャーナリストはそのようなことまでは考えていないで、貸借対照表を作りましたというと、貸借対照表イコール発生主義会計、そのような解釈で報道しているのではないかという危惧もしております。

そのような点で、あまり細かく区切るといけませんけれども、国の政府会計と地方自治体の会計はどこが違うのか、特に樫谷先生には、独立行政法人が今とっている会計と政府会計とはどこが違うのか、貸借対照表だけでなく、費用計算書とか収支計算表で、もしそういう違いをクリアカットに表現する点がありましたらお教え願いたいと思います。

樫谷 国の会計と地方政府の会計とで会計基準が違うのかどうかですけれども、基本的に私は、最終的には国と地方とを合算した会計を作って、我が国のパブリックセクターが全体的にどうなっているかを開示する必要があるのではないかと思っております。

特に、我が国の制度特有かもわかりませんが、国で税等でお金を集めて、地方交付税等で多額の交付をしています。そうすると、国の財務諸表だけ見ると、実はバランスシートが大幅な債務超過になっているわけです。それは地方公共団体にお金が流れていって、そこで道路を造ったり固定資産を買ったりしていますので、地方公共団体は収益を上げて、かつ固定資産を買っているということですから、これは実は債務超過ではありません。

ですから、これをそれぞれ見ていても、意味がないことはもちろんないですが、意味がない部分もありますので、基本的には連結・合算することを前提に、若干違う部分は確かにありま

すが、ある程度整合性のとれた会計基準を作らなければいけないと思っております。

それから、独立行政法人の会計と国の会計はどう違うのかですが、いいのか悪いのかはおいておきまして、独立行政法人には独立行政法人の目的・制度設計があって、実は、その制度設計にある程度合わせた会計基準を作っています。

梶川先生がおっしゃったように、例えば収益の計上をどのようにやっていくのか、つまり、国から運営費交付金というかたちでお金をもらったらこれは収益で、では、もらったときに計上すればいいのかどうか、ということです。

それは、もらったときに計上するやり方もありますし、当然、一気に使い切れないものがありますから、そうすると、お金は一気にもらっているかもわからないけれども、むしろ収益の実現は進捗状況に応じて収益を計上しておくべきだというような考え方で独立行政法人会計基準は作っております。つまり、実は今、目的適合性というのでしょうか、独立行政法人の制度に合わせた会計基準になっていますが、これで本当にいいのかどうか。

実は昔、猪瀬さんなどと一緒に道路公団の改革をしたときに、道路公団の時代の会計基準は、民間の会計基準からみると、とんでもない会計基準になっています。何がとんでもないかというと、決算書、財務諸表を作っておりますが、2兆円ぐらいの売上の中で利益は実はゼロです。

なぜゼロかというと、道路公団は借金で道路を造るけれども、運用で収益が上がれば、それを何十年かかけて全額返して、返し終わったら道路公団は最終的に解散する仕組みだからです。ということは、利益が出たら、その利益は償還の財源に充てるのだと。したがって、これは会計的な引当金ではないですが、実は利益は全部引当金で計上されていますので、結果的に当期利益がゼロになっているわけです。

これは確かに、当時の道路公団の制度設計からみたら正しいです。ところが、これは道路公団の業績の実態を表しているのかというと、全く違う会計になっているわけです。そこで、民間基準並みに整理してキャッシュフローで見ると、実は道路公団は、つまり2兆円ぐらいの売上で当期利益ゼロですから、あまりいい会社ではありません。ところが、キャッシュリッチで非常にいい会社で、要するに、私は優良法人だと思っています。

そういう中で、監督するための会計と業績を示すための会計はやはり違います。例えば企業会計は一般目的というのでしょうか、少なくとも業績のための会計ですが、独立行政法人は必ずしも一般目的のための会計ではなく、独立行政法人という制度設計に合わせた会計になっていますので、本当は一般目的のような会計を、ひょっとしたら作らなければいけないのではないかと最近は思っております。

いずれにしても、民主党時代に出した独立行政法人改革の法案が通らなかったので、今もう一度見直しをします。今度、独立行政法人通則法の改定がされるでしょうから、その中では会計基準の改正もしないといけないと思っております。私の思ったとおりになるかどうかはわかりませんが、そういう特有の目的、役所の管理・監督のためのものではなく、考え方を少し変えなければいけないかもわからないとは思っております。

小倉 ありがとうございました。

では、梶川先生、少し重なるところもあるかもしれませんけれども、今、日本政府は貸借対照表と費用計算書あるいは収支計算表を入れた会計も発表しておりまして、それは省庁別に作成されています。それから、副島様が先ほど説明された東京都の会計もやはり局別と事業別に貸借対照表、費用計算書等が作成されていて、素人が外見だけ見ると同じことをやっているように見えますけれども、どこが違うのでしょうか。そこを説明していただけますか。

梶川 私は、東京都の会計については不勉強で、まだ詳細をそれほど存じませんが、先ほどお聞きした限りでは、作り方として、複式簿記という継続記録が使われているか否かはかなり大きな違いになるのではないかと。国の場合には、あくまでもあるストック情報を統計的に集めてこられたところでストックを組み立てながら、いわゆる予算収支からフロー情報を作っておられるので、継続記録に基づいて作られているのではないので、部分部分では少し不整合になるところがあるのではないかと思います。

そうは言っても、大づかみな形の中ではストック情報が整理し作られてきているということで、国のB/S、またそれに基づくフローの諸表も十分に意味はあるのではないかと思います。

先ほどお尋ねの国と地方公共団体の違いの話ですが、東京都は地方公共団体の中でもあまりに大きくていらっしゃるので、国とほとんど同じかもしれないですが、ある意味で地方公共団体は、特に基礎自治体の場合に

は、受益と負担と言ってはおかしいですが、受益がすごく近いところにあって、基礎的行政サービスを一番提供しなければいけないところで、逆に言えば、行政サービスの持続可能性について、財務管理の手法は極めて必要ではないかという気はいたします。今、自治体についていろいろ議論されているのは、そのへんにある意味ではすごく近い部分で、逆にコントロールをしていかなければいけないと感じます。

国の場合にももちろん、同じこういう財政の状態ですが、先ほど申し上げました国の出す成果があまりに社会経済便益に対してのものですので、社会経済便益に対してコストをみることが、作ってはみたものの、どう読み込むかはものすごく難しいのではないかと思います。

例えば防衛省にこれだけコストかかっているというとき、防衛の持つ社会便益がこのコストに見合ってどうかというのと、介護についてのサービスがこのコストだけれどどうかというのとはだいぶ意味合いが違うので、やはりそのエンティティが対象とする社会構成の大きさに少し違いがあるのではないかという気はいたします。

それから、極めて利害関係者が錯綜していますから、例えば国全体で財務状況がよくても、利害関係者は自分が関連する興味を持つセグメントの情報として見ていくわけですから、福祉が悪くても防衛がよければいいとか、防衛が悪くてもこちらがいいとか、これは皆さん読み方が全然違われると思うので、その点は国になりますと、またさらなる分析・解釈・説明・理解が必要になって、そういう意味では、自治体の方があるところまでは同じ方向性で財務諸表を読んでいけるのではないかというような気がいたします。そのへんが違いではないかというような気がいたします。

小倉 では、副島様にも同じ質問ですが、逆に自治体側から政府の会計を見てどこが違うのかをご説明いただきたいと思います。

副島 東京都は、先ほど梶川先生からもありましたように、比較的規模の大きな団体でございますけれども、国の財務省の方とも財務書類に関して意見交換などをしていく機会はときどきあります。私どもから見て、国はさらに非常に大きな財政規模をお持ちで、資産などもかなりたくさんある中で、活用という面で考えますと、私どもも今非常に苦労しているというか、検討しているところです。どのように使っていくかという面では、逆に私どもから見て、先ほど申し上げましたように、例えば町田市などの基礎的自治体は比較的活用の余地がすぐ見えてくる、あるいは、例えば事業評価などでも非常にわかりやすいことがすぐにできるのではないかと。

われわれも個別の事業についてはやっておりますけれども、それを全体に広げていくと、やはり非常に薄まってきてしまいます。ましてや国などは、では作ったものをどのように評価するか、あるいは何に使っていくかは非常に苦労されているという印象です。

ただ、われわれもそうですけれども、マクロ面でどう活用していくかを今後もう少し検討していかなければならないですし、国の財務書類につきましても、そういった形で使っていくような方策が今後求められていくのではないかと、私は国の財務書類を見ていていつもそのような印象を持っております。

小倉 どうもありがとうございます。

樫谷 今お答えいただいたようなことだと思いますが、確かに国はどちらかというと政策が中心です。政策をやっていて、例えば政策評価をするときに、国が直接事業をやっているものもありますが、実は相当の事業を地方公共団体に委任しています。そうすると政策評価はしますが、実際にやっているのは地方公共団体というケースがけっこう多くて、そういう意味では本当に首尾一貫して考えないといけない部分もけっこうあります。

私は日本国政府はある意味で極めて無責任のような気がしますが、要するに、地方に任せているからわからないというわけです。国の政策評価と地方公共団体の業績評価の連携を図らなければいけないのではないかと、今お聞きしていて感じました。

小倉 確かに、新聞とかテレビに出てくるのは、例えば東日本大震災の復旧対策で国がどれだけお金を使うかとか、あるいは金融構造改革でどれだけお金を使うかとか、そういう話の中でマスコミの人たちも、政策費は総額でいくらで真水でいくらというような表現をされます。

結局、官庁が集計した数字が会計基準にきちんと合った会計的な評価に値する数字になっているかどうかは、今まで十分にチェックされてこなかった側面があるのではないかと思いますけれども、それが発生主義で貸借対照表とか費用計算書・収支計算表をきちんと作ることによって、ジャーナリストと同じように「総額」とか「真水」という話をしなくてもきちんと検証ができるようになる、そのよう

に受け止めてよろしいのでしょうか。
樫谷 それはそのとおりだと思います。ただ、どうしても出る「真水」をどのように分配するかも大きな議論になるとは思いますけれども、先生がおっしゃるように、かなりな部分で財務諸表によってそれを解決できるのではないかと思います。

私のところにもマスコミの人がよくいらっしゃいますけれども、まず、マスコミの人が会計のことをわかっていません。いくら説明してもわかりませんし、わかったころに担当が代わるのでもういっぺん説明しなくてはいけないという非常に悪循環……、悪循環と言えるかどうかわかりませんが、そのようになっていることは事実です。マスコミに対して「会計の勉強をしろ」と言うのは、「会計がいやだからマスコミになったんだ」というようなことを言う人がけっこう多いので、難しいかもわかりませんが、自分の会社も企業ですので、企業会計はある程度理解していますけれども、パブリックセクターはなかなか理解してもらえないので、マスコミがきちんと理解できるように、マスコミ対策もどうするか十分考えなければいけないと思います。

梶川 そういう意味では、行政機関の財務管理といいましても、考えてみますと、われわれが実際に受けている行政サービスで国が実施している部分はほとんどないわけです。実行部隊はほとんど地方自治体なり独立行政法人ですから、国の支出項目は補助金であったり地方交付税であったり、ほとんどがそういう形で出ていって、われわれは中央の役所の方と直接に接して何か行政サービスを受けることはほとんどないわけです。国の効率性は企画・立案とターゲティングに対する効率性であって、実施部隊の効率性と両方合わせて全体のパブリックサービスの効率性だとは思いますけれども、地方と国という意味でいえば、そのへんはまた切口なり評価なりが少し違ってくる要素はあるのではないかという気はいたします。

小倉 そうすると、会計的にいうとかなり複雑な話になって、国と地方自治体を連結すればいいという話ではなく、例えば文部科学省と地方の教育委員会とか教育局を連結しなければいけないし、厚生労働省と地方の福祉局の会計を連結しなければいけないし、そういう話になってくるわけですか。

梶川 実行可能かどうかは別ですけれども、もし政策コストという全体でみれば、そういう見方も当然必要になるのではないかという気はいたします。それこそ小林先生のご専門ですけれども。

小林 二つの側面があって、先ほど来から指摘されているとおり、補助金なり、あるいは地方交付税も補助金ですけれども、そういうものによって資産形成をしている地方自治体があるわけです。ですから、国と地方を連結することの意味は、全体としてオールジャパンとして資産形成がどうなっているのかがわかるということです。

多くの地方自治体の貸借対照表の純資産はプラスです。国の貸借対照表は400兆円を超える大幅の債務超過です。このことは、それぞれの政府間で別々に資産形成が行われていることを示唆しています。例えば各府省間でも同じで、同様の目的で、同じような資産が形成されている場合もあるわけです。それも重複です。そうすると、その無駄を排除していく必要があると思います。

政策的にいうと、政策目的別に、それがまた補助金・委託費等で地方自治体で実施しているものは、それをトータルで管理することが必要です。つまり、いわば企業でも子会社などが実施するときにはそれをトレースすることが必要で、それも内部統制の観点を持って行わなければならないことがあるというのと同じです。

政策的にいうと、国のレベルでいうと、先生方がおっしゃるとおり、直接サービスを提供していないので非常に難しいですが、2年ぐらい前ですか、法務省が10年後の再犯率を10%下げるという定量的な目標を出しました。そうすると、再犯率を10%下げるためにはどういう施策を打っていかなければいけないのか、その施策の下にどういう事業を実施していかなければいけないのか、また、地方公共団体は何をしていかなければいけないのか、という連携したトータルのプロセスが見えなければいけないということだと思います。

経済産業省でも、例えば2030年にCO_2をこれだけ削減するためにいろいろな事業が関係しているわけですが、その2030年を目途にしたロードマップが見えていないので、それを見える化する必要があると思います。

その一番の障害となっているのは、やはり単年度会計、会計年度独立の原則で、法律上は単年度ですけれども、複数年で考えていく思考をする必要があると思います。発生主義情報は、財政規律の部分ではなく、サービス提供のパフォーマンスとかストック管理に活用できるので、そこを区別して考えなければいけないと思います。

3.2「公会計の現状」

小倉 少し見方を変えさせていただきたいと思います。先ほども言いましたような貸借対照表を作っていれば、企業会計とか発生主義会計を導入した体裁がとれるような感じを受けて、マスコミはそのように受け止めがちでしょうけれども、例えば樫谷先生の報告要旨の中には、公会計改革は少しずつ前進しているが、まだ活用できるレベルにはなっていないと。

これをもう少し具体的に言うと、貸借対照表だけ作ったのでは活用できるものではなく、次は費用計算書とか、それから、皆さんのお話の中でパブリックサービスはアウトカムが測定できないという話があって、費用計算書を作ったとしても、アウトカムが測定できなければ、それは単なる数字の羅列に終わってしまうのか。あるいは、現在の費用計算書でも、樫谷先生の目から見れば百点満点ではないにしろ、ある程度活用できるのか。現状のレベルとして、費用計算書が十分でないから活用できないのか、費用計算書はかなりいいものができているけれどもアウトカムの測定ができないから活用できないのか、という点でいいますとどちらでしょうか。

樫谷 今、国なり地方公共団体なりもバランスシートも行政コストの計算書も全部作っていますが、複式簿記を使って作っているところは本当に数少ないです。

何が違うかというと、企業でいいますとバランスシートは、例えば現金・預金があったときに、その明細が全部わかるわけです。つまり、○○銀行の○○支店の当座預金にいくらあるとか、固定資産でも、この固定資産は建物という勘定だけでなく、この建物の取得原価がいくらで償却がいくらでという内訳が全部わかりますが、ただ、複式簿記を使っていないところは、実はその明細がわかっているようでわかっていないわけです。ほとんどわかっていないと言ったほうがいいかもわかりません。

そうすると、明細がわからずにどのようにマネジメントするのか。最初に鵜川先生が言われたような気がしましたが、固定資産の明細がわかるからこそ、固定資産をどうマネジメントしようとか、あるいは取り替えるための準備をどうしていくかとか、修繕をどうしていくかが初めてわかるわけです。

ところが、今のバランスシート、財務諸表の大半は、私に言わせれば、いわゆる誘導法ではなく棚卸し方式で作っていて、つまり資料を寄せ集めて一応作り上げているけれども、全体感を見るにはおおむねそれでいいですが、では、中に突っ込んで具体的にどうしようといったときに手も足も出ないということです。

ところが、複式簿記で作っているところは明細がわかりますので、具体的にどの部分の何が問題で、この部分をどうしようというようなことまで突っ込んでわかるわけです。大まかに財政状態がわかるという意味では、今も、後ればせながら1年遅れでわかりますけれども、ただ、それを活用するところになると、大半のところはまだ、合格点が60点とすると20～30点、合格点の半分以下ではないかと私は思っています。

小倉 副島様に補足していただきたいのですが、今の樫谷先生の視点から言いますと、東京都が主導して、今8団体に導入されている新公会計制度はどの程度のレベルまで、つまり取引記録に基づいてバランスシートや費用計算書を作ることが理想だとすれば、どの程度の状況にあるのでしょうか。

副島 東京都では、先ほど申し上げましたように、平成18年に導入した際に、今はどこの自治体でも「財務会計システム」というシステムで日々のお金の出納処理をしていまして、何かものを買いますときに所管の職員がその事項を1件1件、例えばそれを1万円で買いますと入力をしますけれども、その際に、その1万円について簡単に仕訳処理をできるシステムを開発いたしまして、そういう意味では、歳入も歳出も1件1件のお金の出入りについて日々きちんと仕訳をしておりまして、精度としては、実務上、それ以上はなかなかできないレベルまでやっているのではないかと思っています。

それから、資産の部分については、先ほどの鵜川先生のお話にもありましたように、大きな建物・施設については取得価額が把握されているところは多いですけれども、小さな工作物ですとかあるいはインフラ資産などにつきましては、そもそも価額の算定をもともとしていなかったなかで、われわれは、それを評価する方法も考えております。

こうしたインフラ資産などの評価については、最近、「固定資産台帳整備の基本手順」という形でノウハウをまとめたものを作っていますが、いずれにしても取得原価という点では若干簡易に評価をしている点はありますが、どこの団体も一応取得原価で評価して貸借対照表を作っておりますので、資産についても、ある程度の

精度は確保しているのではないかと思っております。まだまだ日々改善の余地はありますけれども、かなりのレベルでやっているのではないかと自負しているところでございます。

樫谷 道路会計のときに、「道路4公団」と言いますけれども、日本道路公団と首都高速道路と阪神高速道路と本四架橋があって、その会計基準を梶川先生もご一緒に検討したときに、実は道路公団には固定資産の明細がありませんでした。道路に1号線とか2号線とあったとしたら、そこにいくらかけたかはわかりますが、土地がいくらで構築物がいくらというのはありませんでした。つまり作る必要がないということだったと思います。

したがって、どうやったかというと、土地については鑑定をしたり、構築物については非常に標準的なものを造って、何キロだからということでそれに掛け算をして作ったのが実は道路公団でした。

ところが、首都高と阪高と本四架橋は道路公団より歴史が浅いので、そういう発想があったらしくて、取得原価はきちんとわかって、明細表もきちんとついていました。そういう意味では非常にわかりやすかったですけれども、日本道路公団は明細がなかったので、株式会社にするときには当然明細をつけなければいけませんから、鑑定をしたり、あるいは一定の簡便な評価をして道路資産の固定資産台帳を作った記憶があります。

3.3 「フルコストの概念」

小倉 私は、パブリックセクターについて、今まであまり勉強したことがありませんが、ただ、14～15年ぐらい前からいわゆる環境会計をやっておりまして、環境会計もアウトカムが測定しにくい点では共通のことがあって、環境会計を研究している人たちはフルコストを非常に意識しておられます。

それは、先ほど小林先生が言われた単年度の費用ではなく、ある程度の期間通算した費用を成果に対応させないと意味がないからですが、今、道路公団の話で樫谷先生が指摘されたように、運用コストがわかっても、取得原価がわからないとフルコストがわからないし、逆に、資産の記録があったとしても、運用費用が目的別とか資産別できちんと集計されていないとフルコストはわからないわけです。

そういう点で、バランスシートと費用計算書に分けて表示することによって逆にフルコストが見えなくなってしまう、したがって、時間をかけて政策を実現するようなことについては、今の会計制度改革はひょっとすると対象になっていないのかもしれない、いわゆる日常業務を改善することが目的で、時間をかけて政策を達成するようなことはまだ目標として捉えられていないのかもしれないし、あるいはまた、少し違った考え方もあるのかもしれないと思います。パブリックセクターの政策対費用の考え方の中でフルコストという考え方はあまり出てきていないのでしょうか。

樫谷 フルコストという考え方はないわけではないです。

例えば5～6年前に雇用能力開発機構が京都に、小学生などに、例えば消防署の仕事がどうとかコンビニの仕事がどうというようなことを示す「私のしごと館」という建物を550億円ぐらいかけて建てました。それで、赤字が毎年20億円ぐらい出ていました。実はそれは、550億円を何年で償却するかによっても違いますけれども、年間入場者数でざっくっと計算すると、1回入場しますと小学生一人当たり1万数千円だったと思います。

そのときに私が質問したのは、一人当たり1万数千円もかける意味があるのかどうか。実は「キッザニア」というのがあって、場所も非常にいいかもわかりませんけれども、非常に安いコストで非常におもしろいものを提供して、人もたくさん集めていて、収益性も非常にいいと聞いているわけです。「1万いくらもかけていいんですか。そういう意識はありましたか」と聞いたら全く答えられないわけです。

確かに、小学生にああいう体験をさせる政策は非常にいいと思います。ただ、一人当たり1万円もかけていいのか、2,000～3,000円にしておこうか、それが全く決められないまま、予算がついたので550億円で立派な建物を建てて、オペレーションにもだいたい20億円かけて、20億円が垂れ流しのようなかたちになっていたということです。

つまり、一人当たりいくらという思想がないわけです。確かにアウトカムはまだ十分わからないかもしれないけれども、フルコストで計算すれば、一人当たりいくらかかるというぐらいの計算は大まかにはわかりますから、1万円がいいのどうかという議論はできないことはないという意味では、先生がおっしゃるように、やはりフルコストでやるべきだと思います。

梶川 私も「私のしごと館」を見に行きましたが、長期にわたる、ある意味では施設コストも含めたフルコストの場合、結局、その前提にあるマネジメントの責任範囲のようなものが表

裏だと思います。誰がコストのマネジメントの責任を持つか、たぶんそれが少し分断をされている部分があって、「私のしごと館」などは特にそうだったと思いますけれども、独立行政法人が受け取ったときには確かもうその建物があったと思います。ですから、独立行政法人として運営している方は建物があった上で運営をするのが大前提になっているので、別にかまわないわけです。

そういう意味では、では、建てた人はどうだったのかという部分です。たぶん行政は、そのときの収支では、設備コストを延々とコントロールするという話とは少し違う発想を持っておられたと思いますが、普通の一般企業ではそれをやらないと企業が破綻してしまいます。ですから、投資からその後の責任のマネジメントがデシジョンするときには当然フルコストを考え、投資財産を見られるわけですが、アウトカムがわからないこともありますけれども、行政の財政制度のあり方等も含めて、たぶんそこは逆に、そんな先まで誰が責任を持つのだと。政治も責任は持てないわけですし、もちろん行政官も20年後のコストの責任をフルに持つのはなかなか難しい。そこの部分はすごくあって、なおかつ破綻確率がそれほど、従来は民間と比べて財政破綻を前提にしていませんでしたから、マネジメントのターゲティングが少し変わってくることはあったのだと思います。

小倉 小林先生、何か付け加えていただくことはありますか。

小林 今、各府省は大ぐくりな政策コストを集計しています。これは一応、財政審の議論の中で、フルコストベース、共通費の配賦なども含めてやっています。難しい問題もありますけれども、それが今、各府省は政策の実施主体なので、省庁別の財務書類の中で政策別のコスト情報から報告をしています。

ただ、それが機能していない最大の問題は、それを評価する尺度がないことです。

例えばアメリカの連邦政府でいうと、政府業績成果法がありまして、それは戦略計画と業績計画と業績報告からなっているわけです。それがなかなか機能しないと言われて、2010年にモダニゼーション・アクトという現代化法になりました。そのときに、そのバックグラウンドというかコスト情報はなんのためにあるかというと、プログラムマネジャーがプログラムの目的をきちんと達成できるため、つまりプログラムと政策ということです。そのモダニゼーション・アクトになったときには、チーフ・プログラム・オフィサーとかチーフ・オペレーティング・オフィサーという政策の責任者を任命しています。

そこが日本は曖昧なので、政策実現という長期的なスパンになったときにますます責任が曖昧になってきます。もちろん、政策評価はしていますけれども、政策評価と政策コストが連携し、整合的なものになっていないところに問題があります。

自治体で考えてみると、自治体も行政評価をしていますが、それは事業にフォーカスを当てているので、その事業は、もちろん住民に直接サービスを提供する事業もあるかもしれないですが、そうでないものも入っています。ですから、アウトプットは結局、住民が受け取るところの結果で測定しなければいけないけれども、つまり企業でいうプロダクトとかサービスが原価計算対象にならなければいけないが、そうなっていないところに効率性の測定とか有効性の測定に非常に悩みがあると思います。

国も地方も同じような課題を抱えているというのが私の感想です。

小倉 ありがとうございます。

3.4「政府会計の透明性」

小倉 まだ十分に議論できていない部分もあるとは思いますけれども、最後に一つ個人的にお尋ねしたいのは、特に政府会計についてですが、政府でどのようなお金の集計をしているのかについては非常に透明性が求められます。おそらく、政府のお金を使って仕事をしている人たちは、当然、お金を使った記録を公の場所で発表することを前提に集計されていると思いますけれども、特に日本の民間企業では、1980年代ぐらいまで、財管一致――「財管一致」は財務会計と管理会計の一致ですが――を強調していた時代がありましたが、最近、民間企業では財管一致をあまり言わなくなりました。

というのは、1980年代から1990年代にかけてグローバル化が進んで、アメリカやヨーロッパの企業は財管一致ではなく、財務会計は財務会計、管理会計は管理会計で、利害関係者に報告する会計と内部を管理する会計は違っていいという前提で管理会計・財務会計を設計します。日本企業もだんだんそういう方向にシフトしてきていて、利害関係者に報告するための会計と管理をするための会計は違っていいと。

ところが、パブリックセクターというか、政府会計についてはそれが許さ

れないわけです。内部で予算書とかあるいは費用の集計表とかを作ったとしても、そういうものを議会にきちんと提出しなければいけないし、情報公開請求があればそれを公開しなければいけないし、おそらく、ある意味で徹底した財管一致かもしれない。

しかし、今日のお話を伺っていると、会計制度改革で住民とか議会に対して報告するための会計制度は改革されているけれども、依然として組織の中では従来どおりの官庁会計の予算・決算を使っておられる。そういうダブルスタンダードがまだ残っているところが問題なのかもしれないという気もします。

会計制度が透明性を求めるために、現場で本当に必要な会計情報が……、悪い言い方をすれば本当に必要な会計情報を作ることに躊躇があるのではないか、そのような感想を持っています。むしろ本当に経営改革を望むならば、あえて公開しない会計情報があってもいいのではないかということについてはどう思われますか。

樫谷 おっしゃるとおりだと思います。財務諸表は当然、公開をすることを前提に作りますが、管理会計情報については、特に政府については、情報公開法がありまして、政府が作った情報は基本的にすべて公開することになっています。ただ、競争とか、個人情報とか、企業の機密情報とか、そのようなものは公開しなくてもいいことになっているわけです。したがって、おっしゃるとおり、何もかも見せなければいけないということは、逆に自分のミスも含めて見せないといけないわけです。

役所は、特に役人は、すべてかどうかわかりませんが、「官僚の無謬性」と言って、実は完全であること、ミスはしないことを前提に仕事をしています。でも、実際はそのようなことはありえないわけです。判断も含めて必ずミスをするわけですが、それをあまり表に出したくないということで、実は情報公開法は、作った情報は見せないといけないけれども、作っていない情報は見せられないという理由で見せなくていいわけです。

ところが、マネジメントのためには本当は作らなければいけない情報をあえて……、あえてかどうかは難しいかもわかりませんが、あえて作っていないのではないかと思うようなところも、われわれが関与をしていて、おっしゃるとおり確かにあります。

当然、財務会計と管理会計は概念がすべて一致することはないかもわかりませんが、最終的に業績は財務情報で評価されるわけですから、全く矛盾したような管理会計ではいけないと思っていまして、大きくは整合性をとらなければいけない。ただ、それぞれの手法の段階で若干概念が違うことは当然あってもいいですけれども、完全一致かどうかわかりませんが、基本的に整合性はとれていなければいけないと私は思っております。

政府については、今申し上げましたように「官僚の無謬性」で、私が接触している限りは何かミスをするといけないというのがあって、ミスが表に出るのもいやだし、出たらしょうがないからちょろちょろ出してきますが、そのようなことがあるので、情報公開法は非常に必要な法律だと思いますけれども、逆にそれが管理データを作らない言い訳になっている可能性は否定できないと思います。

小倉 では、梶川先生、お願いします。

梶川 財務報告として最後に集約した場合にどの程度の詳細さが必要か、また、当然、集計データとの不一致という当たり前のことは一つあります。私も、先ほど予算管理のところで申し上げましたけれども、パブリックな財務の場合はどうしても、財政民主主義ではないですが、予算が非常に大きく制度的に存在をしまして、予算の枠の中で、これはまさにある種管理会計ですが、実績は予算に引きずられてしまう要素もないではないという気はいたします。

では、これをもって実績は違えてもいいというわけにもいかないですけれども、実際に決められたことを決められたままでやる行為ならばそれは可能かもしれませんが、何かある予測に基づいた予算の場合に、果たして実績値がそのとおりになるのか。その実績値を予測どおりに出した場合に、会計法規的にそれが受け入れられる範囲と受け入れられない範囲とが当然あるのではないか。このへんは制度的に整理をすることになりますけれども、たぶん、財政法というか、民主主義の原点のような大きなところになって、非常に難しさがあるのではないかという気はします。

予算と実績の意味合いが民間とは少し違うので、その整理を制度的にどのようにしていったらいいのか、と感じるところです。

小林 原則論的にいうと、パブリックはやはり財管一致でいくべきだと思います。結局は意思決定者とか評価者は誰かということだと思います。企業の場合には内部管理者が意思決定をしたり評価をしたりするわけですが、パブリックの場合だと広く社会にいる人たちが関係しているからこそ、原

則論的にいえば財管一致です。

もう一つ、同じ数値が出ても、それを説明する情報が異なる場合があります。同じ数値でも読み方や分析の仕方が違う場合がありますので、それを補完する情報が絶対に必要で、それによって、それがどうだったのかを評価して意思決定を行うことが非常に重要だと思います。

日本がなかなかうまくいかないのは、やはりインプットから離れられなくて、インプットを決めたところで、そこに非効率なものが含まれていても、それが所与になってしまいます。つまり、執行管理を行うことのほうがすごく楽なので、インプットベースからなかなか抜けられない。その点からも、アウトプットとかアウトカムベースになっていくことが重要で、そのためにも財管一致が原則論的にはあるべきだと思います。

副島 会計の世界での話ですと、官庁で複式簿記・発生主義で作ったものはすべて出していく形で評価していかなければいけないと思います。財政的な部分では、われわれが作っているいわゆる発生主義の決算を活用して、将来予測のような形で内部の検討材料としていくことを財務当局でも検討しています。そういった意味で将来予測をするのにストック情報、フルコスト情報などを生かしていく方法はあるのではないかと思います。

ただ、それをどうしていくかはこれから検討していかなければいけないのではないかと思っております。

鵜川 今のご質問の趣旨は、財務会計は発生主義で作っていますけれども、予算管理は現金主義でやっていますから、そういったデュアルシステムは本当に効果があるのかということだと思います。財務報告が発生主義であれば、予算も発生主義にして、全部統合したシステムで一貫してやるべきだという考え方がたぶん論理的だと思いますが、そういった論理的な思考をとっている国は、実はイギリスとニュージーランドとオーストラリアという英連邦の国しかありません。アメリカもフランスも多くの国はデュアルシステムを採用しているわけです。

東京都も発生主義の財務報告を導入していますが、予算は現金主義ですので、デュアルシステムのタイプになるわけですけれども、それで全く機能しないかというとそうではなく、例えば発生主義会計の財務情報の作成を義務づけるとか、あるいは予算の事業単位と決算の事業単位と評価の事業単位を同じ事業単位にして、もちろん、現金主義と発生主義とで違いますけれども、予算・決算・評価を統合するとか、あるいは、予算については、投資的なものを発生主義ベースで評価していくとか、そういったわりときめ細かいかたちで対応してことをしています。そのような方法で、財務会計と管理会計を統合していくことが可能ではないかと思いますし、日本の場合はどうもそちらのほうが合っているのではないかと思います。そういったノウハウをもっと共有していくといいましょうか、提供していくことがより大事ではないかと思います。

小倉 ありがとうございました。

まだまだお聞きしたいことはいろいろありますし、会場の皆さんの中にも、こういう話題について、ぜひ自分も参加してディスカッションをしてみたいと思われた方もいらっしゃるのではないかと思います。

十分な議論ができなかった点もあると思いますけれども、パブリックセクターの会計について、それなりに新たな問題意識を持っていただけたのではないかと思っております。

時間がまいりましたので、本日の会計サミットのパネル討論会の部はこれで終了させていただきたいと思います。

多賀谷 ありがとうございました。長時間にわたり、第11回会計サミットを行ってまいりましたが、第一部・第二部とも滞りなく終了いたしました。これにて本日の会計サミットは閉会させていただきたいと思います。改めてパネリストの方に盛大な拍手をお願いいたします。本日はどうもありがとうございました。

青山学院　会計サミットの歴史

※各回のご登壇者・コーディネータのご所属・肩書は当時のものとなっております。

第1回　開催日：2003年7月30日(水)
場　所：青山学院大学　総研ビル12F 大会議室

■第1部／公開シンポジウム
公認会計士に寄せる期待と課題
―『会計専門職大学院』の果たす役割―
パネリスト(報告順)
- 羽藤　秀雄　金融庁総務企画局参事官
- 奥山　章雄　日本公認会計士協会(JICPA)会長
- 金子　昌資　日本証券アナリスト協会会長
- 藤沼　亜起　前国際会計士連盟(IFAC)会長
- 平松　一夫　国際会計研究学会会長・関西学院大学長

コーディネータ
- 八田　進二　青山学院大学経営学部教授

■第2部／特別講演
「公認会計士の役割と期待」
どう変わる！公認会計士の業務と試験制度
― 改正公認会計士法について考える ―
- 塩崎　恭久　衆議院議員、自民党財務金融部会長

第2回　開催日：2004年7月28日(水)
場　所：青山学院大学　ガウチャー・メモリアル・ホール

■第1部／特別講演
期待される『会計専門職業人』の養成
- 木村　剛　KFi株式会社代表

■第2部／公開シンポジウム
『会計専門職大学院』の果たす役割と課題
パネリスト(報告順)
- 高田　敏文　東北大学大学院経済学研究科教授
- 加古　宜士　企業会計審議会会長、早稲田大学商学部教授
- 鈴木　豊　青山学院大学会計専門職大学院開設準備室長・同経営学部教授
- 藤沼　亜起　日本公認会計士協会会長、新日本監査法人代表社員
- 脇田　良一　公認会計士・監査審査会委員、明治学院大学前学長

コーディネータ
- 八田　進二　青山学院大学経営学部教授

第3回　開催日：2005年6月8日(水)
場　所：青山学院大学　ガウチャー・メモリアル・ホール

■第1部／公開シンポジウム
私達が「会計専門職大学院」修了生に期待するもの
パネリスト(報告順)
- 池田　唯一　金融庁総務企画局企業開示参事官
- 小川　英明　富士火災海上保険株式会社監査・コンプライアンス本部長
- 斉藤　惇　株式会社産業再生機構代表取締役社長
- 藤沼　亜起　日本公認会計士協会会長

コーディネータ
- 多賀谷　充　青山学院大学大学院会計プロフェッション研究科教授

■第2部／特別講演
米国における会計専門職教育
- Dr.Sridhar Ramamoorti
  Investigative & Dispute Services, Ernst &Young LLP

第4回　開催日：2006年11月29日(水)
場　所：青山学院大学　ガウチャー・メモリアル・ホール

■第1部／それぞれのお立場から～
『会計・監査・税務・ITの経営における重要性、専門職業に求めること、会計大学院修了生を有為な会計プロフェッションとして送り出すために』

■第2部／パネル討論会
パネリスト(報告順)
- 藤沼　亜起　日本公認会計士協会会長
- 金子　秀夫　東京税理士会会長
- 中澤　進　アイ・ビー・エムビジネスコンサルティングサービス㈱取締役パートナー
- 山本　清　(独)国立大学財務・経営センター教授
- 橋本　尚　青山学院大学大学院会計プロフェッション研究科教授・会計大学院協会幹事

コーディネータ
- 鈴木　豊　青山学院大学大学院会計プロフェッション研究科長・会計大学院協会理事長

第5回　開催日：2007年7月25日(水)
場　所：青山学院大学　ガウチャー・メモリアル・ホール

■第1部／特別講演
今、会計がこんなに面白い
―ベストセラー会計士作家が語る会計の裏表―
- 山田　真哉　公認会計士

■第2部／パネル討論会
市場が期待する会計・監査、そして、会計・監査が求める市場の役割
パネリスト(報告順)
- 斉藤　惇　株式会社東京証券取引所代表取締役社長
- 筒井　高志　株式会社ジャスダック証券取引所代表執行役社長
- 髙松　明　株式会社名古屋証券取引所常務執行役員
- 水嶋　利夫　新日本監査法人理事長
- 佐藤　正典　あずさ監査法人理事長

コーディネータ
- 八田　進二　青山学院大学大学院会計プロフェッション研究科教授

第6回　開催日：2008年7月23日(水)
場　所：青山学院大学　ガウチャー・メモリアル・ホール

■第1部／特別講演
決算書の暗号を解く！
―会計知識は、ビジネスパーソンの必須要件―
- 勝間　和代　経済評論家・公認会計士

■第2部／パネル討論会
経営戦略における会計への期待
―そのために求められる人材とは？―
パネリスト(順不同)
- 羽藤　秀雄　経済産業省 資源エネルギー庁省エネルギー・新エネルギー部長(官房審議官)
- 関　哲夫　日本監査役協会会長、新日本製鐵株式会社 常任顧問
- 木村　剛　株式会社フィナンシャル代表取締役社長
- 増田　宏一　日本公認会計士協会会長

コーディネータ
- 八田　進二　青山学院大学大学院会計プロフェッション研究科教授

第7回
開催日：2009年7月22日(水)
場　所：青山学院大学　ガウチャー・メモリアル・ホール

■第1部／特別講演
経営者はなぜ経営判断を誤るのか
―会計数値を鵜呑みにしてはならない―
　○林　　總　　公認会計士・LEC会計大学院教授

■第2部／パネル討論会
低迷する経済環境下における会計の役割と課題
パネリスト(順不同)
　○加藤　厚　　企業会計基準委員会常勤委員・公認会計士
　○小林　慶一郎　独立行政法人経済産業研究所上席研究員
　○冨山　和彦　株式会社経営共創基盤代表取締役CEO
　○鈴木　豊　　青山学院大学大学院会計プロフェッション
　　　　　　　　研究科長・教授
コーディネータ
　○八田　進二　青山学院大学大学院会計プロフェッション
　　　　　　　　研究科教授

第8回
開催日：2010年7月21日(水)
場　所：青山学院大学　ガウチャー・メモリアル・ホール

■第1部／特別講演
会計国際化のいま、落語に学ぶコミュニケーション
　○田中　靖浩　公認会計士・田中公認会計士事務所所長

■第2部／パネル討論会
IFRSへの対応と日本の会計戦略
パネリスト(報告順)
　○三井　秀範　金融庁総務企画局企業開示課長
　○平塚　敦之　経済産業省経済産業政策局企業行動課
　　　　　　　　企画官(企業法制担当)
　○鶯地　隆継　国際財務報告解釈指針委員会(IFRIC)委員
　　　　　　　　住友商事株式会社フィナンシャル・
　　　　　　　　リソーシズグループ長補佐
　○磯山　友幸　日経BP社『日経ビジネス』編集委員兼副編集長
コーディネータ
　○八田　進二　青山学院大学大学院会計プロフェッション
　　　　　　　　研究科教授

第9回
開催日：2011年7月20日(水)
場　所：青山学院大学　ガウチャー・メモリアル・ホール

■第1部／特別講演
危機を克服する経営の勘どころ～コマツの経営構造改革を通して～
　○坂根　正弘　コマツ(株式会社小松製作所)取締役会長

■第2部／パネル討論会
想定外リスクへの対応と会計の役割
パネリスト(報告順)
　○小西　範幸　青山学院大学大学院会計プロフェッション研究科教授
　○戸村　智憲　日本マネジメント総合研究所理事長
　○佐藤　淑子　一般社団法人日本IR協議会事務局長・首席研究員
　　　　　　　　青山学院大学大学院会計プロフェッション研究科兼任講師
　○横山　洋一郎　株式会社日本政策投資銀行常務執行役員
　　　　　　　　＜リスク統括 法務・コンプライアンス担当＞
　○神林　比洋雄　プロティビティLLC最高経営責任者兼社長・公認会計士
　　　　　　　　青山学院大学大学院会計プロフェッション研究科客員教授
コーディネータ
　○八田　進二　青山学院大学大学院会計プロフェッション
　　　　　　　　研究科長・教授

第10回
開催日：2012年7月11日(水)
場　所：青山学院大学　本多記念国際会議場

■第1部／特別講演
経営者と企業統治
　○宮内　義彦　オリックス株式会社取締役兼代表執行役会長
　　　　　　　　・グループCEO

■第2部／パネル討論会
企業不正を巡る諸課題
～その防止と発見を目指して～
パネリスト(報告順)
　○山崎　彰三　日本公認会計士協会会長
　○太田　順司　公益社団法人日本監査役協会会長
　○伏屋　和彦　社団法人日本内部監査協会会長
　○斉藤　惇　　株式会社東京証券取引所グループ取締役兼代表執
　　　　　　　　行役社長、株式会社日本政策投資銀行常務執行役員
　○國廣　正　　国広総合法律事務所弁護士・パートナー
コーディネータ
　○八田　進二　青山学院大学大学院会計プロフェッション
　　　　　　　　研究科長・教授

第11回
開催日：2013年7月17日(水)
場　所：青山学院大学　本多記念国際会議場

■第1部／特別講演
経営改革と会計の現場から
　○大矢　俊樹　ヤフー株式会社最高財務責任者
　　　　　　　　(CFO)執行役員

■第2部／パネル討論会
パブリックセクターのマネジメントと会計改革
パネリスト(報告順)
　○樫谷　隆夫　ブレイングループ代表公認会計士、税理士
　○梶川　融　　公認会計士、太陽ASG有限責任監査法人統括代表社員
　○小林　麻理　早稲田大学大学院政治学研究科教授
　○副島　建　　東京都会計管理局会計制度担当部長
　○鵜川　正樹　青山学院大学大学院会計プロフェッション
　　　　　　　　研究科特任教授、公認会計士、税理士
コーディネータ
　○小倉　昇　　青山学院大学大学院会計プロフェッション
　　　　　　　　研究科長・教授

Book Review

『企業価値向上の戦略』

青山学院大学大学院会計プロフェッション研究科准教授
久持 英司

企業価値評価研究会[編]
『企業価値向上の戦略』
日本管理会計学会企業調査研究委員会本部(発行)、税務経理協会(発売)、
2013年3月
(全286頁・3,400円)

1. 経営管理者と企業価値

　経済的な自己利益を優先するのであれ、その他の個人的な価値観の充足を優先するのであれ、個人としての人間は自分にとって望ましいと考える行動を取ろうと、少なくとも意図はしているといえよう。一方で、個人としてではなく、企業の経営管理者としての場合には企業に所属している以上、企業の所有者と経営管理者が一致しているケースを除けば、個人の価値観のみに従った行動をとることは難しい。経営管理者はさまざまなステークホルダーからの影響を受けながら業務を行うからである。経営管理者のうち上層部は株主総会を通じて選任されるのであるし、こうして選任された上層部が中間管理職や現場管理者などを配置する。またその他のステークホルダーも、商品等の購入・販売や融資などを通じて経営管理者の意思決定に影響をもたらす。

　こうした多様なステークホルダーではあるが、それぞれのステークホルダーがどういった価値観を優先しているのか、経営管理者には容易に把握することができない。また各ステークホルダーが比重を置いている価値観すべてに対して望ましい行動を経営管理者が採ることも不可能である。したがって、経営管理者は各ステークホルダーの価値観に関係なく、金額表示などによって容易に自己の行動の顛末を説明することが可能な、企業の経済的な自己利益を最優先にした行動を選択すると考えられる。企業の経済的な自己利益を優先することは、最終的には、ステークホルダー全体の経済的な自己利益にとって望ましい行動につながるものといえよう。

　企業の経済的な自己利益といっても、短期的な利益ばかりを指すわけではない。むしろ中長期的に、かつ持続的な形でもたらされるような経済的な利益を指すといった方が正しいだろう。こうした利益をもたらす源泉を表すのが、本書のテーマとなっている企業価値である。本書の内容は大きく3つ、すなわち、①自社の中核として保有する技術によりいかに企業価値を創造していくか(第Ⅰ部、第Ⅱ部)、②創造した企業価値をどのように全社挙げて維持・向上させ毀損を防ぐか(第Ⅲ部)、そして、③企業価値と評価の関係(第Ⅳ部)と区分することができよう。

2. 本書の概要

本書は「企業調査研究委員会本部委員長からのご挨拶」(片岡洋一；以下、執筆者の敬称は略)および「はじめに」(田中雅康)に続き、以下のように序章と4部12章からなっている。

序章「企業価値向上の視点と本書の狙い」(石崎忠司)

第Ⅰ部「企業価値向上の戦略」

  第1章「企業価値向上の全社戦略と事業戦略」(川野克典)

  第2章「企業価値向上のマーケティング戦略」(紺野剛)

  第3章「企業組織の境界に関する戦略的意思決定―企業価値の視点から部品取引を事例にして―」(原田昇)

第Ⅱ部「製品開発の戦略と管理」

  第4章「新たな事業戦略・製品戦略と技術経営」(西口泰夫)

  第5章「新製品開発活動の管理」(田中雅康)

  第6章「自動車産業における開発戦略」(増田讓二)

第Ⅲ部「企業価値向上のマネジメント」

  第7章「レピュテーション・マネジメントによる企業価値の向上」(﨑章浩)

  第8章「バランスト・スコアカードによる企業価値の創造」(伊藤和憲)

  第9章「事業部間での業績の比較可能性と知識移転の頻度」(福田淳児)

  第10章「リコールと企業価値」(長谷川泰隆)

第Ⅳ部「企業価値向上の評価」

  第11章「多次元業績尺度の最適調整」(佐藤紘光)

  第12章「企業価値評価法の類型」(青木茂男)

序章では企業価値に関する考え方として、企業のステークホルダー全体にとっての価値がひいては株主価値にもつながるということ、そして長期的に企業価値を向上させるためには将来のキャッシュ・フローを大きくすることが重要であり、これが本来の企業価値であるとしている。

続く第Ⅰ部は全社的な視点から企業価値を向上させるための戦略を論じているパートである。第1章では本書で用いる概念について明確化している。まず企業価値は事業価値、非事業資産価値、社会価値、組織価値および相乗価値から構成されるとし、また戦略には全社戦略のほか、全社戦略に従って展開される事業戦略と機能別戦略があるとした上で、これらの戦略と企業価値の構成要素との関連について、ベストセラーとなった先行研究も踏まえながら説明をしている。本章は序章とともに、本書全体を総括する箇所ということができよう。第2章ではマーケティング戦略により自社の製品・サービスと顧客との関係をより密接にし、企業価値を創造していく過程について述べている。次に第3章では取引コストの経済理論をもとに、市場取引、内部取引および企業間連携のいずれを選択することが企業価値に資するかについて理論的に検討している。なおこの章では企業価値を株主価値と実質的に同一の特徴を持つものとして扱っている点には留意する必要があろう。

第Ⅱ部はいわば第Ⅰ部の各論ともいえる箇所であり、とくにモノづくりに焦点をあてた戦略について論じている。とりわけ興味深いのは第4章と第6章であり、前者では電気機器産業の技術経営の重要性について、また後者では自動車産業における新製品開発にあたっての戦略について論じている。いずれの章もわが国製造業におけるリーディング・カンパニー(京セラ、日産自動車)のトップ・マネジメント経験者による論考であり、その経験に裏打ちされた議論は本書の特徴のひとつといえよう。また第5章では原価の大半が製品の企画・開発段階で決定され

ることから、新製品のコンセプト創り活動における採算性評価の重要性を強調している。

第Ⅲ部は、ひとたび創造された企業価値について、その勢いをどのように維持していくかについて論じている。第7章と第8章は共通の課題として企業のレピュテーション（評判）を高める戦略について論じており、第7章は企業のレピュテーション・マネジメントについて先行研究に基づいて解説し、企業の評判を高めることが企業価値を向上させることにつながるとしている。また第8章も戦略マップ、バランスト・スコアカードおよび戦略的実施項目より成り立つ（大きな意味での）バランスト・スコアカードにより、戦略を可視化し、必要となる行動を明確にすることで最終的には会社のレピュテーションが高まるとする。次の第9章は組織単位間の知識の移転が業績の改善に結びつく可能性のあるツールとして事業部の業績一覧表の相互開示を取り上げ、その有用性についてアンケートにより検証を行った。そして第10章では企業価値の毀損はどの程度かという観点から自動車産業におけるリコールの状況と米国における先行研究について概観している。

最後の第Ⅳ部は企業価値に関わる評価の問題に関する論考を掲載している。第11章では経営者の業績評価にあたり、プリンシパル（オーナー）・エイジェント（経営者）・モデルにより、複数の業績尺度を経営者報酬と結びつけながら、企業価値を最大化するように経営者を動機付けるための論理を展開している。第12章では企業価値の評価方法としてインカム・アプローチ、マーケット・アプローチおよびネットアセット・アプローチを詳細に取り上げ、各方式の裁判等での使用例について紹介している。なお第12章も金額による表示という点を重視し、定性的な要因を含まない企業価値に概念を限定している点には留意する必要があろう。

本書は企業価値の創造と向上をキーワードとして、実に多方面にわたる論考が展開されている。すべての章を総覧して企業価値に関する理論的あるいは実務的な議論について大まかに理解していくという読み方もできれば、とくに興味が惹かれる領域について論じた箇所をじっくりと精読するという読み方もできよう。

3. おわりに

本書は日本管理会計学会の企業調査研究プロジェクトによる成果としてシリーズ化されたうちの第9弾である。以下にシリーズの既刊書を示す（発行および発売元はすべて本書と同じ）。

No.1 木村幾也［編著］『グループ企業の管理会計』
No.2 秋庭雅夫・井岡大度・山下裕企［共著］『TPマネジメントによる原価低減の実践記録』
No.3 門田安弘・浜田和樹［編著］『企業価値重視のグループ経営』
No.4 李健泳・小菅正伸・長坂悦敬［編著］『戦略的プロセス・マネジメント－理論と実践－』
No.5 上埜進［編著］『日本の多国籍企業の管理会計実務－郵便質問調査票からの知見－』
No.6 溝口周二［編著］『情報化戦略の進化とコスト・マネジメント』
No.7 矢澤秀雄・島津誠・竹本達弘・秋川卓也［共著］『サプライチェーンマネジメントと目標管理－企業調査からの考察－』
No.8 宮本寛爾［編著］『実態調査からみた国際管理会計』

久持 英司（ひさもちえいじ）

青山学院大学大学院会計プロフェッション研究科准教授。
早稲田大学大学院商学研究科博士後期課程単位取得退学。駿河台大学経済学部（現：経済経営学部）専任講師、助教授、准教授を経て現職。

Book Review

『管理会計の理論と実務』

青山学院大学大学院
会計プロフェッション研究科特任教授
内山 峰男

川野克典[著]
『管理会計の理論と実務』
中央経済社、
2012年11月
(全287頁・3,360円)

1. はじめに

　管理会計の役割は企業の経営者の理念・ビジョンを実現するために、具体的に落とし込んだ経営戦略を計画し、実行し、評価するために必要な情報を提供することにあると考える。企業のグローバル化、消費者ニーズの多様化、製品ライフサイクルの短縮化など、企業を取り巻く環境の変化は激しく、企業規模の拡大とともに、正確な予測が困難な状況になってきている。経営者には、このような状況の中で、正確な現状判断と迅速な意思決定が要求される。このために管理会計の実務は試行錯誤を繰り返してはいるものの、経営者に迅速で正確な情報を伝達しうるツールを提供しているのであろうか。この点、満足している企業は少ないように思われる。また管理会計は、外部利害関係者のための財務会計と対比される。21世紀になり、会計の仕組みが大きく変わる会計ビッグバンと呼ばれる変革が行われ、新しいガバナンス制度の導入や最近においても国際会計基準により、管理会計も大きく影響を受けるようになってきた。会計教育の現場においても、このような状況はあまり反映されていない。特に財務会計に比較して管理会計の分野においては顕著である。会計は実学であり、実務と無関係に発展しうるものではない。有機的に結合した、この関係を如何に理論的に説明・証明が出来るかが、学問である社会科学としての会計学の役割であろうと考える。

2. 本書の特徴

　会計に関する書籍には「理論と実務」というタイトルが非常に多い。そのほとんどが、実務家によって書かれた制度会計もしくは税務会計に関する実務書であり、「管理会計の理論と実務」というタイトルから管理会計に関する実務書という先入観で読ませていただいた。結果として、ある意味、大きく予想を裏切るものであり、多くの納得感と充実感を感じた書籍であったことを最初に述べさせていただきたい。本書の最大の特徴点は、管理会計の書籍を読んでいる時に「実務ではどうやっているのか」「この手法はどういうときに使うのか」という疑問に対して、痒いところに手が届くような表現で、多くの事例を紹介して、見事に解明してくれることである。これまでも、事例紹介を中心とした

実務的観点から書かれた管理会計の書籍は多く出版されてきたが、同著書は理論的な体系の中に実務の経験を落とし込み、この隔たりを埋め、読者を実務の世界に導いてくれる記述が多く見られる。まさに目に見える管理会計の書物といえるであろう。これは著者である川野克典氏の経歴によるものであると思われる。著者は電子部品会社にて企業の内部から会計実務を経験し、その後コンサルタントとして、企業の外部から多くの会社を支援し、多くの論文・著作を発表し、その後も研究者・教育者として進まれ、高い評価を受けている方である。企業を実務家として内から、外から、そして研究者としての立場から立体的に理解されている。

3．本書の構成と概要

本書は18章により構成されている。以下その概要を紹介させていただく。

第1章　管理会計論概説

基礎的な内容から、わかりやすく多くの諸概念が説明されており、理論的な体系が明確に示されている。また歴史に関しては、現在における課題にいたるまで、体系的に述べられている。特に課題に関しては最終章の管理会計の変革とも結びつき多くの提言が含まれている。

第2章　伝統的原価計算

原価計算基準の概要を簡潔に解説したうえで、原価計算基準の果たした役割や実際の適用にあたっての注意点などを実務家ならではの観点から述べられている。有価証券報告書の利用や企業集団での原価計算の必要性など類書には見られない記述である。

第3章　標準原価計算と現場管理の手法

標準原価計算の差異分析を中心とする一般的なテキストの内容を大きく踏み込み、著者の経験やインタビュー調査の結果から具体的な管理手法としての活用方法を示している。

第4章　損益分岐点分析と直接原価計算

損益分岐点分析の基本的な解説から直接原価計算と結びつけての活用方法まで、著者の経験を踏まえてその発展的な利用方法まで言及されている。

第5章　原価計算基準の陳腐化

この章は著者が特に強調したい点であると思われるが、企業が原価計算システムを構築するにあたり特に注意しなければならない点が、実証データも含めて解説されている。特に原価計算基準の問題点に関しては、内容を理論的に分析し、最新の原価計算手法との関連も含め、将来に対する方向性も明示している。

第6章　ABC（活動基準原価計算）/ABM（活動基準管理）

ABC・ABMに関してはその適用に関する問題点が提起されて久しいが、著者のコンサルタントとしての経験から明確にその分析がなされている。今後の導入・見直しに関する大きな示唆を与える内容が示されている。

第7章　原価企画

原価企画に関する具体的な適用例をあげ、簡潔明瞭にその手順、成功のポイント、課題まで分析し解説がなされている。

第8章　分権化組織と管理会計

管理会計の理論的発展の中で中心的役割を果たすのが、この分権化組織の変遷であるが、各組織体の歴史的変遷や特徴を具体例をあげて説明し、情報システムの重要性からその活用方法が論じられている。

第9章　予算管理

予算管理に関して、伝統的な考え方のみならず、内部統制報告制度にも言及し、現代的な役割や問題点についても解説されている。

第10章　中期経営計画と戦略策定

経営戦略との関連から具体的な例を用いて中期経営計画に関して

論じている。コンサルタントとしての経験から明確なメッセージが伝わってくる内容である。

第11章　バランス・スコアカード

バランス・スコアカードについても基本的な解説からその導入にあたっての課題についてコンサルタントとしての立場から多くの示唆に富んだ記述がなされている。

第12章　研究開発費の管理

研究開発の業績評価は実務において、非常に困難な問題であるが、この章では、著者独自の研究開発評価モデルを明示し、研究開発費管理のノウハウを示している。

第13章　収益の管理

最新のマーケティング分野に管理会計を結びつけた研究が紹介されており、固定収益に関するマネージメント手法に関して斬新なアイデアが示されている。

第14章　企業価値経営

企業価値経営に関して各種手法を解説した上で、EVA等の指標を活用した企業評価の方法を解説している。

第15章　業績評価マネジメント

管理会計の中心的な論点であるが、各種業績評価の長所・短所を踏まえて各手法を解説し、業績評価のあるべき方法についての提唱がなされている。

第16章　財務諸表分析

体系的に各種分析手法が示されている。さらに、各種分析手法を組み合わせる総合分析により、倒産危険度を評価する方法等が紹介されている。

第17章　意思決定支援の管理会計

意思決定の支援に役立つ各種手法を体系的に解説している。特にケーススタディを用いて、意思決定の諸問題を身近な例から説明しているのがわかりやすい。

第18章　会計基準に対応した日本企業の管理会計の変革

管理会計の変革に関して、今日における管理会計の問題点を提起し、国際会計基準の導入にも触れ、財務会計領域との関係や将来の動向を予測し、提言がなされている。

4. おわりに

このように本書は、管理会計の体系を網羅し、著者の実務経験や実務家としての見解が豊富に盛り込まれ、管理会計が現在、抱えている問題点を見事に表現し、将来のあるべき姿を明確に示唆している。各章それぞれ単書になりうるような内容をこれだけの頁数にまとめられたのは、多くの努力を要されたことであろうと感じられる。著者が著したかった「理論と実務の乖離」は十分に明らかにされたものとなっている。これから管理会計を学ぶ学生ばかりではなく、実務に携わる者や研究者の方々にも是非読んでいただきたい書物である。今後も著者の更なる研究活動に注目し、新しい書物の刊行を楽しみに待ちたい。なお、勝手な評者の理解や表現の誤りも多くあるかと思うが、浅学によるものとしてお許し頂きたい。

内山 峰男（うちやま みねお）

青山学院大学大学院会計プロフェッション研究科特任教授。
1980年 早稲田大学社会科学部卒業、1985年 監査法人芹澤会計事務所入所、1989年 内山峰男公認会計士事務所開業登録、2004年 バリューコマース株式会社監査役就任、2007年 青山学院大学大学院会計プロフェッション研究科修了、2008年 東北大学経済学部・会計大学院教授就任。

Relay Essay

「大人として」の会計プロフェッションであれ！

青山学院大学大学院会計
プロフェッション研究科教授
八田 進二

　本誌第2号「監査は不正を見抜けるか？」での対談において、弁護士の久保利英明氏は、締めの言葉として、次のように話されている。まさに至言である。

　「要するに、プロフェッションは大人がやらなくてはいけない仕事です。たぶん、お医者さんもそうだと思います。大人がやる仕事については若くて優秀ということはありえないのです。若ければ、社会を知らない分だけ、人間を知らない分だけ、危険に遭っていない分だけ、優秀ではありません。そのことをどこかでダーンと打ち出さないと。試験に受かっただけでは非優秀である。若くて頭が固いから正解のある試験にすぐ受かるのだ、早く受かった者はよくないというメッセージを伝えるべきだと私は思います。」

　2003年の公認会計士法の改正により、わが国の公認会計士試験は、従来実施されていた1次試験、2次試験および3次試験の3回5段階方式の試験から、現在の1回2段階方式へと、簡素化が図られたのである。とりわけ、従来の試験では、公認会計士試験の受験資格要件と捉えていた1次試験については、大学学部2年修了をもって免除にするということで、中心的な試験として位置づけられていた2次試験受験がわが国における最高学府の高等教育機関である大学教育の履修と密接にリンクさせていたからである。ところが、現行の試験制度への改正では、規制緩和の名の下に、公認会計士試験の受験資格要件について、これを一切撤廃してしまったため、わが国における正規の高等教育機関における教育との関係は完全に遮断されてしまったのである。

　一方、わが国の公認会計士制度の範ともなった米国の場合、能力的にも、また、人格的にも優れたプロフェッションとなるためには、一定期間にわたる正規の教育機関での教育の履修が不可欠であるとして、基本的に、大学教育において会計関連科目24単位以上の履修を含む、総単位で150単位以上の履修が、受験資格要件となっているのである。そのため、学部教育での単位取得だけでは150単位の取得が困難とされる場合には、その上の大学院での教育の履修により、晴れて受験資格を獲得することになるのである。

　というのも、米国では、公認会計士たる者は、単なる帳簿記入に長けた技術屋（テクニシャン）ではなく、企業活動の実態に精通したうえで、高度な倫理観と誠実性を備えるとともに、会計上の的確な判断を下すことの出来る専門職業人（プロフェッション）でなければならない、という強い信念に裏打ちされているからである。

　翻って、わが国の場合、不幸にも、会計プロフェッションである

Relay Essay

べき公認会計士の果たす役割が十分に理解されていないせいか、従来要請されていたプロフェッションの前提ともいえる教育履修要件が全廃されたことで、現在すでに、公認会計士業界の質の劣化が懸念されているのである。それどころか、わが国では、高度な倫理観を備えた優秀な人材を会計プロフェッションの世界に引き寄せるための施策として、会計専門職大学院の設置を推進したのである。しかし、教育要件どころか、年齢制限すら課せられていない現行の公認会計士試験の場合、一定の時間と相応の教育資金の投入が求められる会計専門職大学院に在籍することに対して、逆に否定的な意見を有する者も決して少なくない。それよりも、より短期間での試験合格を目論み、大学や高校での正規の教育すら等閑視して、いわゆる受験予備校での学習に身を投じる向きも少なくないのである。

しかし、公認会計士として、経済社会に身を置くようになるとき、誰もが一様に感じることは、受験勉強を通じてのみでは決して習得できない、広範囲の知識、各種の経験、そして幅広い教養こそが、監査現場においても求められるということである。そうした素養すら習得せずして、公認会計士として求められる監査および会計業務上の判断を的確に下すことは、極めて困難であるといわざるを得ない。その結果、本来の姿であるプロフェッションとしての信頼を得ることができないという矛盾を抱えることになるのである。

残念ながら、現行の公認会計士試験制度を直ちに是正することは困難であろうが、グローバル化の真っ只中で活躍すべき会計プロフェッションたる者は、試験合格といった目先の目標に目を奪われることで、会計プロフェッション本来の使命を忘れてはならない。そこには、公共の利益を守るといった崇高な社会的役割と市場の番人としての社会からの期待が存しており、そうした役割を担うためには、広範にわたる深い教養を身に付けるとともに一定レベル以上の倫理観および誠実性を体得すること、そして、高度化ないしは複雑化する経済社会の中において、会計および監査上の的確な判断を下すことの出来る専門的能力を具備し続けることが強く求められているのである。

思うに、いまだにわが国では、会計を学ぶことが簿記技術に長けることであると誤解する向きも決して少なくない。そのため、多くの大学での会計系列の学科目として、「簿記原理」ないしは「初級簿記」といったような、まさに技術屋（テクニシャン）養成のカリキュラムが会計学学習の領域で中核を担っている状況が、いまだに払拭されていない。加えて、簿記能力判定のための検定試験等では、昨今の加速度的に発展するIT社会でありながら、10年一日のごとく、手書き帳簿を前提とした旧態依然とした出題内容で覆い尽くされているのも、また、わが国における会計教育の現実なのである。

今や、全入時代と言われるようになったわが国の大学が置かれている現状からして、世界で伍して戦える有能な人材を、学部教育を通じてのみ輩出することは極めて困難であると思われる。かといって、その上位にある既存の研究科大学院が、プロフェッションの育成に適っているかというと、こちらについても、あくまでも研究者養成を基軸としたシステムとなっているため、期待することはほとんど無理なのである。

その意味で、高度な専門職業教育を担う会計専門職大学院に求められていることは、「大人として」のプロフェッションの養成なのである。まさに、「大人でない会計プロフェッションは用無し」と言っても過言ではないであろう。

八田 進二（はった しんじ）
青山学院大学大学院会計プロフェッション研究科教授。他に、会計大学院協会相談役、金融庁企業会計審議会臨時委員（監査部会）、一般財団法人会計教育研修機構理事、等。

Relay Essay

良き師、良き友

青山学院大学大学院会計
プロフェッション研究科教授
橋本 尚

　日本会計研究学会のスタディ・グループ「21世紀へ向けての会計教育についての研究（最終報告）」で、「覚える会計学」から「考える会計学」へというわが国会計教育に対する基本姿勢の転換の必要性を提唱したのは、1996年のことであった（この最終報告は、その後の研究を加え、藤田幸男編著『21世紀の会計教育』として、白桃書房から1998年に出版された）。同スタディ・グループでは、アメリカ会計学会の「会計教育の将来の構造、内容および範囲に関する委員会」（通称、ベドフォード委員会）から1986年に公表された特別報告書『将来の会計教育—拡張を続ける会計プロフェッションに備えて』などの検討を通じて、「learning to lean（学び方を学ぶ）」こと、すなわち、「学び、考え、創造する」方法を学ぶことの重要性についても強調しているが、理想の会計教育を目指して、会計教育の現場における教師と学生の関わり方や会計の魅力とその社会的な意義や役割を熱く語りかける「心に残る授業」の実践方法などについて、あれこれと日々思いを巡らせているところである。

　「覚える会計学」から「考える会計学」への転換は、教育の根本にかかわる発想の転換であり、そこには、学生を受動的な学習者から能動的・主体的な学習者へ転換させるねらいがある。また、これは、教えるべき内容の転換ないしは重点移行をも意味している。

　「覚える会計学」が長年にわたって教えてきたものは、会計に関する知識であり、技術であった。確かに、知識や技術を身につけることは必要であるが、こうした詰め込み型ないしは紋切り型の学習、あるいは、簿記の学習に象徴されるようなテクニック偏重の風潮が、わが国における会計のイメージを暗く、無味乾燥なものとしてきた面が多分にあるように思われる。

　翻って、「考える会計学」の使命は、世界に通用する会計の知恵、会計の心（アカウンティング・マインド）、さらには、高度な倫理観と正義感に根ざしたアカウンタビリティの基本を啓発することである。ここに「会計の心」とは、会計を社会の制度として活かす心であり、それは、アカウンタビリティの意味を正しく自覚する心でもある。

　アメリカを代表する会計学者のペイトンとリトルトンは、かつて会計を human-service-institution（人間が人間に奉仕する制度）と表現したが、会計情報を作成する人の側に会計情報を利用する人に対する思いやりの心がなければ、会計は、社会の制度としてうまく機能しない。すなわち、制度をいくら見直してみても、制度を正しく動かそうとする意識を持たなけれ

ば、われわれの社会は、良くならないのである。この意味で、制度改革の基礎をなすものは、意識改革であるといっても過言ではないであろう。そして、この意識の改革を可能にするものこそ、教育なのである。

禅の言葉に「啐啄同時」というものがあるが、最近、これこそが会計教育における教師と学生との理想の関係を表現する言葉ではないかとの思いに至った。

鳥の雛が卵の殻を破って出ようとして殻を内側からつつくのが「啐」、それに応じて、親鳥が外から殻をつつき孵化を促すのが「啄」である。このタイミングが決め手となるのであり、早すぎても遅すぎても、雛は死んでしまう。親鳥は、卵を抱いて絶えず観察しているからこそ「啐」に気づくことができ、その頃合いを見計らって、すかさず外から殻をつつくことによって、まさに絶妙の呼吸で、両者の共同作業により、卵が割れて雛がかえり、新たな命が誕生するのである。

禅の世界では、この「親鳥と雛」の関係が「師匠と弟子」の関係に転じて、理想の教育機会の比喩として用いられてきた。このような関係は、実学としての会計教育における「教師と学生」の関係にもあてはまるであろう。

欧米では、会計士としてのキャリアを積み重ねていく全段階において、信頼を寄せるメンター（師）を持つことが重要とされている。メンターという用語は、ホメロスの『オデュッセイア』に登場する「Mentor（メントール）」に由来する。新米の会計士が今まさに進んでいこうとする道の先にあるものについて、先達として「先を歩む」ことのできるメンターと行動を共にすることによって、彼にはまだ見えないものを「見ること」ができ、「語ること」ができるメンターから、その経験に基づくさまざまな助言や示唆を受けることにより、また、メンターと仰ぐ者からの支援や激励を受けることにより、彼は、独学の道を選択した場合にしばしば遭遇するような大きな困難に直面することなく、学習上の深刻な悩みや苦しみを抱えることもなく、順調な成長を遂げ、会計士としてのキャリアを磨いていくことができるのである。こうした関係は、メンターに責任感とアカウンタビリティを自覚させる機会ともなる。

新米の会計士がキャリアを積み重ねていく上でメンターを必要とするのとまったく同様に、彼には、「ともに歩む」友人も必要である。同志である同僚の存在は、腹を割って悩みを打ち明けることができる相談相手としても、また、共通の壁に突き当たった際に、何とか先に突破しようと切磋琢磨する競争相手としても、貴重な存在である。真の友人関係を築き上げるまでには、相当の時間を要するであろう。特に多忙な会計士にとっては、良き友を探し求めることは、良きメンターを探し求めること以上に至難の業かもしれない。しかし、良き友との交わりは、会計プロフェッショナルとしての彼の人生において、一生涯の宝となるにちがいない。

このようにして、かつて新米会計士としてメンターから導きを受けた者が、やがてメンターとなって、かつて受けた助言や示唆を次代を担う新米会計士へと継承していくことで、会計プロフェッションの伝統が綿々と受け継がれていくのである。

数多くの高弟を輩出した吉田松陰は、「親思ふ心にまさる親心けふの音づれ何ときくらん」という歌を詠んだ。会計教育の一端を担う者として、この歌のように、学生が教師を思う心以上に学生を思いやる教師でありたい。

橋本 尚（はしもと たかし）
青山学院大学大学院会計プロフェッション研究科教授。1991年早稲田大学大学院商学研究科博士後期課程単位取得満期退学。国際会計研究学会理事、日本会計教育学会副会長、会計大学院協会理事長、金融庁企業会計審議会臨時委員、財務省財政制度等審議会臨時委員、日本公認会計士協会綱紀審査会予備委員。主な著書は、『2009年国際会計基準の衝撃』（日本経済新聞出版社）2007年。

＜創刊の趣旨＞

　歴史を紐解くまでもなく、会計は、accountingの原語の語義にもあるように、「説明する」という行為そのものであり、単に簿記や経理処理を指すものではない。しかしながら、わが国にあっては、簿記の技術的なテクニックや会計基準の高度な専門知識ばかりが喧伝され、会計の持つ真のチカラがビジネス社会や学校教育の場において認知されて来なかったのではないだろうか。

　青山学院大学会計プロフェッション研究科は、2005年に設立された会計専門職大学院であり、われわれは次代の会計プロフェッションを養成するために本研究科に集い、日々、次代を担う人々の教育に身を捧げてきている。われわれは、これまでも、会計を巡るさまざまなシンポジウムやセミナー、あるいは学会の開催を行ってきたが、それらは、会計の専門家や会計に精通した学界・実務界の人々を対象にしたものであったことは否めない。幸いにも、そうした取組みは、十分に当初の目的を達してきたとの自負を持っているものの、一方で、わが国経済の中核を担うビジネス・パーソンや会計系列以外の学生等への働きかけが足りなかったのではないか、との思いがある。会計に対する正しい理解、ひいては会計人口の裾野の拡大は、そうした一般社会に対する地道な啓発活動の中でこそ、培われていくものであろう。

　まさに本年は、わが国が大震災に見舞われる中で適時な情報開示や説明責任の問題が問い直されるとともに、会計の領域では、IFRSの導入に対して、わが国のあり方が世界から注目を集めていることから、われわれは、広くわが国の一般ビジネス・パーソンや多くの学生等に対して、会計分野における本質的かつ基本的な論点を掲げ、第一線の執筆陣による論考を掲載することを期して、本『青山アカウンティング・レビュー』を創刊することとしたのである。

（2012年1月10日）

編集後記

　『青山アカウンティング・レビュー』は、2012年1月に創刊され、本号がvol.3になる。創刊号のテーマは、「日本経済の復活の鍵はIFRSにあり！」であり、vol.2のテーマは、「監査は不正を見抜けるか？」であった。vol.1は財務会計、vol.2は監査のそのときどきの最新のテーマを取り上げてきたところである。（詳細は、巻末の目次を参照されたい。）

　本号vol.3は、管理会計の領域を取り上げ、統一テーマを「乱気流経済下の業績評価：会計は羅針盤になれるのか？」とした。リーマンショック以降の景気の低迷から、いわゆるアベノミクスの下での景況感が回復基調にある現在までの変動の中で、わが国の企業経営は慎重かつ果断な舵取りを求められてきた。そうした中で、管理会計領域で議論され提案されてきた業績評価の考え方や指標が、実際の企業経営にとってどこまで役立つものであるのか、という問題意識に立つものである。

　第Ⅰ部の対談でも語られているように、管理会計の領域では、海外で提唱されたABCやBSCといった業績評価手法を受け入れ、研究するという動向が続いてきたように見受けられるが、他方で、わが国の企業経営の現場では、それぞれの企業が独自にカスタマイズした実践的な業績評価手法を採用してきており、両者の間のギャップが気になるところである。また、わが国の企業実務においては、以前より、商品の販売に関するマーケット評価（調査）等に長けているといわれているが、業績評価については、終身雇用制等の影響もあって、必ずしも新しい手法の開発や世界に発信する指標の開発といったものが見受けられないように思われる。読者の方々にあっては、そうした現時点におけるわが国の業績評価、ひいては管理会計の研究と実務のあり様を本号の各論攷によって垣間見ていただけるものと願っている。

　最後に、本号の刊行に当たっても、税務経理協会の鈴木利美氏の多大なご尽力を賜った。心より感謝申し上げたい。（Diana）

Aoyama Accounting Review vol.3:
Contents

The Main of Theme This Issue: **Performance Evaluation under the Turbulent Economy :
Can Accounting Function as a Campass the Business?**

Role of Accounting to the Business under the Unstable Economic Environment ／Noboru OGURA

Feature I

Discussion on the topic

Performance Evaluation under the Turbulent Economy

／Kunio OTANI vs. Masataka KARASAWA

Feature II

Management Accounting under the Turbulent Economy

Strategic Management and Human Resource Management under the
Turbulent Business Environment : Contributions by Management Accounting ／Noboru OGURA

Management Accounting for Human-oriented Company ／Ichiro MIZUNO

Amoeba Management System and Innovation of Management
—Implementation of Divisional Accounting System —／Naoyuki MORITA

The Role of Performance Measurement System under Turbulent Economics ／Susumu NIYABU

Review of Value-Based Measurement among Japanese Companies
from the Perspective of Corporate Metrics ／Akashi HONGO

Public Management Reform and Practical Use of Public Accounting Information
—Case Study of Accounting System Reform of Machida-city—／Masaki UKAWA

Feature III

Cost Management : the Past, Present, and the Future

Cost Management for Value Creation／Kougi YAMAMOTO

Cost Management being under a Spell of Cost Accounting Standard ／Hiroshi OZAWA

Feature IV

Symposium on Accounting Summit: Management Reform and Accounting in Public Sector

Book Review

Strategy to Enhance Corporate Value ／Eiji HISAMOCHI

Theory and Practice of Management Accounting ／Mineo UCHIYAMA

Relay Essay

Become a Professional Accountant with the Honor ／Shinji HATTA

Best Teacher, Best Friend ／Takashi HASHIMOTO

企画編集者との契約により検印省略	
2013年11月15日　初版発行	Aoyama Accounting Review 青山アカウンティング・レビュー 　　　　　　　　　　第3号
	企画編集　青山学院大学大学院 　　　　　会計プロフェッション研究センター
	発行者　大　坪　嘉　春
	製版・印刷　株式会社　技秀堂
	製本所　　　株式会社　技秀堂
発行所　〒161-0033 東京都新宿区 　　　　下落合2丁目5番13号 　　　　振　替　00190-2-187408 　　　　ＦＡＸ（03）3565-3391 　　　　URL　http://www.zeikei.co.jp/ 　　　　乱丁・落丁の場合は，お取替えいたします。	株式会社　税務経理協会 電話（03）3953-3301（編集部） 　　（03）3953-3325（営業部）

Ⓒ　青山学院大学大学院会計プロフェッション研究センター　2013　　Printed in Japan

本書を無断で複写複製（コピー）することは，著作権法上の例外を除き，禁じられています。
本書をコピーされる場合は，事前に日本複写権センター（JRRC）の許諾を受けてください。
　　JRRC　（http://www.jrrc.or.jp　eメール：info@jrrc.or.jp　電話:03-3401-2382）

ISBN978-4-419-06048-0　　C3034